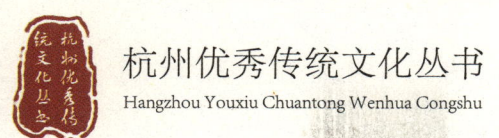
杭州优秀传统文化丛书
Hangzhou Youxiu Chuantong Wenhua Congshu

湖光潋滟

马云霖 —— 著

杭州出版社

图书在版编目（CIP）数据

湖光潋滟 / 马云霖著 . -- 杭州：杭州出版社，2022.1
（杭州优秀传统文化丛书）
ISBN 978-7-5565-1736-7

Ⅰ．①湖… Ⅱ．①马… Ⅲ．①湖泊—简介—杭州 Ⅳ．① K928.43

中国版本图书馆 CIP 数据核字（2021）第 279173 号

Huguang Lianyan

湖光潋滟

马云霖　著

责任编辑	齐桃丽
装帧设计	章雨洁
美术编辑	祁睿一
责任校对	陈铭杰
责任印务	姚　霖
出版发行	杭州出版社（杭州市西湖文化广场32号6楼）
	电话：0571-87997719　邮编：310014
	网址：www.hzcbs.com
排　　版	浙江时代出版服务有限公司
印　　刷	天津画中画印刷有限公司
经　　销	新华书店
开　　本	710 mm×1000 mm　1/16
印　　张	19
字　　数	233千
版 印 次	2022年1月第1版　2022年1月第1次印刷
书　　号	ISBN 978-7-5565-1736-7
定　　价	58.00元

（版权所有　侵权必究）

序 言

文化是城市最高和最终的价值

我们所居住的城市，不仅是人类文明的成果，也是人们日常生活的家园。各个时期的文化遗产像一部部史书，记录着城市的沧桑岁月。唯有保留下这些具有特殊意义的文化遗产，才能使我们今后的文化创造具有不间断的基础支撑，也才能使我们今天和未来的生活更美好。

对于中华文明的认知，我们还处在一个不断提升认识的过程中。

过去，人们把中华文化理解成"黄河文化""黄土地文化"。随着考古新发现和学界对中华文明起源研究的深入，人们发现，除了黄河文化之外，长江文化也是中华文化的重要源头。杭州是中国七大古都之一，也是七大古都中最南方的历史文化名城。杭州历时四年，出版一套"杭州优秀传统文化丛书"，挖掘和传播位于长江流域、中国最南方的古都文化经典，这是弘扬中华优秀传统文化的善举。通过图书这一载体，人们能够静静地品味古代流传下来的丰富文化，完善自己对山水、遗迹、书画、辞章、工艺、风俗、名人等文化类型的认知。读过相关的书后，再走进博物馆或观赏文化景观，看到的历史遗存，将是另一番面貌。

过去一直有人在质疑，中国只有三千年文明，何谈五千年文明史？事实上，我们的考古学家和历史学者一直在努力，不断发掘的有如满天星斗般的考古成果，实证了五千年文明。从东北的辽河流域到黄河、长江流域，特别是杭州良渚古城遗址以4300—5300年的历史，以夯土高台、合围城墙以及规模宏大的水利工程等史前遗迹的发现，系统实证了古国的概念和文明的诞生，使世人确信：这里是古代国家的起源，是重要的文明发祥地。我以前从来不发微博，发的第一篇微博，就是关于良渚古城遗址的内容，喜获很高的关注度。

　　我一直关注各地对文化遗产的保护情况。第一次去良渚遗址时，当时正在开展考古遗址保护规划的制订，遇到的最大难题是遗址区域内有很多乡镇企业和临时建筑，环境保护问题十分突出。后来再去良渚遗址，让我感到一次次震撼：那些"压"在遗址上面的单位和建筑物相继被迁移和清理，良渚遗址成为一座国家级考古遗址公园，成为让参观者流连忘返的地方，把深埋在地下的考古遗址用生动形象的"语言"展示出来，成为让普通观众能够看懂、让青少年学生也能喜欢上的中华文明圣地。当年杭州提出西湖申报世界文化遗产时，我认为是一项需要付出极大努力才能完成的任务。西湖位于蓬勃发展的大城市核心区域，西湖的特色是"三面云山一面城"，三面云山内不能出现任何侵害西湖文化景观的新建筑，做得到吗？十年申遗路，杭州市付出了极大的努力，今天无论是漫步苏堤、白堤，还是荡舟西湖里，都看不到任何一座不和谐的建筑，杭州做到了，西湖成功了。伴随着西湖申报世界文化遗产，杭州城市发展也坚定不移地从"西湖时代"迈向了"钱塘江时代"，气势磅礴地建起了杭州新城。

　　从文化景观到历史街区，从文物古迹到地方民居，众多文化遗产都是形成一座城市记忆的历史物证，也是一座城市文化价值的体现。杭州为了把地方传统文化这个大概念，变成一个社会民众易于掌握的清晰认识，将这套丛书概括为城史文化、山水文化、遗迹文化、辞章文化、艺术文化、工艺文化、风俗文化、起居文化、名人文化和思想文化十个系列。尽管这种概括还有可以探讨的地方，但也可以看作是一种务实之举，使市民百姓对地域文化的理解，有一个清晰完整、好读好记的载体。

　　传统文化和文化传统不是一个概念。传统文化背后蕴含的那些精神价值，才是文化传统。文化传统需要经过学者的研究提炼，将具有传承意义的传统文化提炼成文化传统。杭州在对丛书作者写作作了种种古为今用、古今观照的探讨交流的同时，还专门增加了"思想文化系列"，从杭州古代的商业理念、中医思想、教育观念、科技精神等方面，集中挖掘提炼产生于杭州古城历史中灵魂性的文化精粹。这样的安排，是对传统文化内容把握和传播方式的理性思考。

　　继承传统文化，有一个继承什么和怎样继承的问题。传统文化是百年乃至千年以前的历史遗存，这些遗存的价值，有的已经被现代社会抛弃，也有的需要在新的历史条件下适当转化，唯有把传统文化中这些永恒的基本价值继承下来，才能构成当代社会的文化基石和精神营养。这套丛书定位在"优秀传统文化"上，显然是注意到了这个问题的重要性。在尊重作者写作风格、梳理和讲好"杭州故事"的同时，通过系列专家组、文艺评论组、综合评审组和编辑部、编委会多层面研读，和作者虚心交流，努力去粗取精，古为今用，这种对文化建设工作的敬畏和温情，值得推崇。

人民群众才是传统文化的真正主人。百年以来，中华传统文化受到过几次大的冲击。弘扬优秀传统文化，需要文化人士投身其中，但唯有让大众乐于接受传统文化，文化人士的所有努力才有最终价值。有人说我爱讲"段子"，其实我是在讲故事，希望用生动的语言争取听众。今天我们更重要的使命，是把历史文化前世今生的故事讲给大家听，告诉人们古代文化与现实生活的关系。这套丛书为了达到"轻阅读、易传播"的效果，一改以文史专家为主作为写作团队的习惯做法，邀请省内外作家担任主创团队，组织文史专家、文艺评论家协助把关建言，用历史故事带出传统文化，以细腻的对话和情节蕴含文化传统，辅以音视频等其他传播方式，不失为让传统文化走进千家万户的有益尝试。

中华文化是建立于不同区域文化特质基础之上的。作为中国的文化古都，杭州文化传统中有很多中华文化的典型特征，例如，中国人的自然观主张"天人合一"，相信"人与天地万物为一体"。在古代杭州老百姓的认知里，由于生活在自然天成的山水美景中，由于风调雨顺带来了富庶江南，勤于劳作又使杭州人得以"有闲"，人们较早对自然生态有了独特的敬畏和珍爱的态度。他们爱惜自然之力，善于农作物轮作，注意让生产资料休养生息；珍惜生态之力，精于探索自然天成的生活方式，在烹饪、茶饮、中医、养生等方面做到了天人相通；怜惜劳作之力，长于边劳动、边休闲娱乐和进行民俗、艺术创作，做到生产和生活的和谐统一。如果说"天人合一"是古代思想家们的哲学信仰，那么"亲近山水，讲求品赏"，应该是古代杭州人的生动实践，并成为影响后世的生活理念。

再如，中华文化的另一个特点是不远征、不排外，这体现了它的包容性。儒学对佛学的包容态度也说明了这一点，对来自远方的思想能够宽容接纳。在我们国家的东西南北甚至是偏远地区，老百姓的好客和包容也司空见惯，对异风异俗有一种欣赏的态度。杭州自古以来气候温润、山水秀美的自然条件，以及交通便利、商贾云集的经济优势，使其成为一个人口流动频繁的城市。历史上经历的"永嘉之乱，衣冠南渡"，"安史之乱，流民南移"，特别是"靖康之变，宋廷南迁"，这三次北方人口大迁移，使杭州人对外来文化的包容度较高。自古以来，吴越文化、南宋文化和北方移民文化的浸润，特别是唐宋以后各地商人、各大商帮在杭州的聚集和活动，给杭州商业文化的发展提供了丰富营养，使杭州人既留恋杭州的好山好水，又能用一种相对超脱的眼光，关注和包容家乡之外的社会万象。这种古都文化，也代表了中华文化的包容性特征。

城市文化保护与城市对外开放并不矛盾，反而相辅相成。古今中外的城市，凡是能够吸引人们关注的，都得益于与其他文化的碰撞和交流。现代城市要在对外交往的发展中，进行长期和持久的文化再造，并在再造中创造新的文化。杭州这套丛书，在尽数杭州各色传统文化经典时，有心安排了"古代杭州与国内城市的交往""古代杭州和国外城市的交往"两个选题,一个自古开放的城市形象,就在其中。

"杭州优秀传统文化丛书"在传统和现代的结合上,想了很多办法,做了很多努力,他们知道传统文化丛书要得到广大读者接受,不是件简单的事。我们已经走在现代化的路上,传统和现代的融合,不容易做好,需要扎扎实实地做,也需要非凡的创造力。因为,文化是城市功能的最高价值,也是城市功能的最终价值。从"功能城市"走向"文化城市",就是这种质的飞跃的核心理念与终极目标。

2020 年 9 月

(单霁翔,中国文物学会会长)

竹素园诗意卷(局部)

目 录

001　引　言

第一章
一座水做的城市

008　水的智慧：两尾文锦鲤与十万水犀军

019　江的困扰：帝王的出巡与书生的出行

024　河的福利：来一场说走就走的旅行

033　湖的譬喻：欲把西湖比西子

第二章
那些最初的情怀

048　丰功茂德创南湖：为霖管教泽苍生

056　钱江筑塘第一人：有志青年圆梦路

066　舍生取义修北湖：飘没宁忘潴泄功

071　花甲之年筑湘湖：旱足分流达九乡

第三章
湖山有幸名人扬

088　超级迷弟西湖情：一半勾留是此湖
109　东坡元是西湖长：西湖品牌执行官

第四章
保湖与废湖之争

136　不畏权贵保南湖：湖上青山展画图
146　舍官治湖杨公堤：只见湖光不见笆
160　父子两代为保湖：月落湖中霜满船

第五章
一图一咏总关情

174　西湖图：图将好景归去夸
201　湖岸树：间株杨柳间株桃
226　湘湖志：湖中风景最关情

第六章
陪伴是最长情的告白

238　湖畔修隐：林影溪声绕洞霄

253　湖山有情：正邪自古同冰炭

262　湖山乐丘：一水涵空宝鉴开

282　参考文献

引 言

上善若水任方圆。

最终东归入海的水,一不小心激情溢了出来,洪水滔滔,肆无忌惮。这时候,湖就开启了蓄洪模式。于是,伴着江河溪流的方向,一路上就多出了一个个的湖。

譬如余杭南湖。

途经余杭的苕溪,上承天目万山之水。每当大雨滂沱,水流暴涨,盈川满谷,攻堤浃岸,下游杭嘉湖三地皆受其害。东汉时,余杭县令陈浑为分杀苕溪之水,率民众开辟南湖,使洪水得以停潴。如此一来,下游田禾既免了淹没之灾,又多了灌溉之利。

守着静静的一湖水,就像守着满满的一仓粮,睡梦里都是安心的。新湖落成,明白自己已经"为官一任,造福一方"的地方长官,激动得连夜游湖,睡在湖边,与湖依偎,与湖亲近。

譬如萧山湘湖。

北宋萧山县令杨时，与当地耆老、富民实地考察，相与计议，筑堤围湖。经过大半年修筑，面积37000多亩的湘湖竣工。湘湖蓄水后可灌溉附近9个乡14多万亩水田，被称为"九乡水仓"。

主要为了灌溉的湖泊还有很多，如唐贞观十二年（638）富阳县令郝砵主持开凿的富阳阳陂湖，唐咸通十年（869）睦州刺史侯温主持开凿的梅城西湖，唐景福二年（893）寿昌县令戴筠主持开发的寿昌西湖，等等，至今仍在发挥着作用。

一湖水，周边山，仿佛放大无数倍的盆景，水光潋滟，晴好雨奇，可以游山玩水，可以游目骋怀，可以吟诗作赋。日久天长，歆慕的人越来越多，名气越来越大。渐渐地，

富阳阳陂湖

这个湖的作用就超越了最初的灌溉功能、饮用功能，被无数倍地放大了游赏功能。于是，一个湖担当了一座城的符号，塑造了一座城的气质。城造就了湖，湖成就了城，湖与城成为休戚相关的共同体。

譬如杭州西湖。

西湖，湖水不深，现平均水深也才 2.27 米，却因为历史文化的积淀，而深不可测。

西湖，水域面积不大，也就 6.39 平方千米，却由于三面环山一面城，而云水无垠。

居住在西湖边的人，自然以生活在天下名湖之畔为

建德梅城西湖

傲,而睥睨他湖,自豪于"无双毕竟是家山"。或匆忙或久留的过客,一见之下,感叹着"湖山信是东南美",为自己不能与西湖长相厮守而深深遗憾。

城市是有生命的,湖也是。因为沿江近海,历史上杭州地区曾有过许多大大小小的湖泊。后来由于自然淤积和人类活动的影响,许多湖泊消失在了时光里,就像它们从来未曾存在过并福泽过人类、庇护过鱼虾、滋养过草木一般。

譬如余杭临平湖。

与湘湖的葫芦串状狭长空间迥异,也与西湖的群山围合形态不同,历史上的临平湖大开大合,湖山开敞,湖周达40余里。令人遗憾的是,那些"五月临平山下路,

建德寿昌西湖

藕花无数满汀洲""画桡惊起远近雁,宿霭欲乱高低山""万顷波光摇月碎,一天风露藕花香"的动人画面,早已经随风而逝。后人只能借助泛黄的文字,想象那曾经的美丽,凭吊那寂寂远去的背影。

湖,生长,消亡。湖,聚气,养人。湖,淡泊,宁静。

湖,是水源,是风景,是画图,更是文化遗产。

读杭州的湖泊,就是翻一部鲜活的、立体的史书,就是赴一场盛大的、畅快的山水雅集。

第一章

一座水做的城市

水的智慧：
两尾文锦鲤与十万水犀军[1]

一

越军又被吴军困住了！

越王勾践四年（前494），城山，固陵城，越国五千残兵被吴国十万大军围了个水泄不通。

之前两军在今白马湖一带对阵。吴王夫差（？—前473）排马布阵猛攻。吴军势大，越军不敌，不得已退守于城山上。

幸亏城山虽不高，但地势险要，与周围众山皆有水道相连，是白马湖众山的中心，扼钱塘江、杭州湾入越之咽喉；固陵城虽不大，但以天然山冈作屏障，依山势夯土垒石而筑，易守难攻。越军据险死守，吴军改攻为围：外无援兵，内缺粮草，不饿死也得渴死。虽然山脚即是白马湖，可当时白马湖与钱塘江连通，江潮带来海水，咸不可饮，听凭你下山汲水都无所谓。

可是，几天几夜过去了，越军既不投降，也不突围。不知越王葫芦里装的是什么药，按捺不住好奇的吴王，

[1]〔宋〕华镇《城山》（《萧山湘湖志》卷七）。

越王城山("越王此地沼勾吴,北控之江南控湖。"——〔清〕傅鼎乾《登越王城山》)

派出使者,前往试探。

使者一手拎一条咸鱼,用稻草串着,一甩一甩,迤迤然上山而来。

对,你没看错,吴王夫差捎给越王勾践(?—前465)的伴手礼,就是两条不大不小的咸鱼。

意思明摆着:大哥,咸鱼翻不了身,你现在都被我打得差不多要怀疑人生了,还磨叽个啥呢?乖乖,你个罩拐拐,就别蛤蟆垫桌腿——硬撑了,还是趁早降了算了。

城内粮将尽水也缺。勾践一看使者奉上的两条咸鱼,嘴角一扯,心头火起:哎,好你个夫差,怎么不按套路出牌呢?拿这种一点也不高端大气上档次的骚操作,就想来刺激我的小心脏,就想来问我惊不惊喜、意不意外,

越王城山（"越峤迢迢旧有城，越王曾此驻行兵。"——〔明〕孙学思《越王城吊古》）

以为这样我就抓狂了？我和我的小伙伴就被震惊了？你以为我们都长着玻璃心，拿条咸鱼一碰就碎成一地渣子了？别忘了，老话讲：运气总有用完的一天；出来混，迟早要还的。

吴使一脸吃瓜不嫌事大的期待样，从旁端详：勾践双眉紧皱，一声不吭，一看就知是位人狠话不多的主；范蠡倒是神色淡然，一副淡定从容的样子，生死须臾间还能如此，着实令人佩服。

人在江湖飘，哪能不挨刀？尽管内心有一万匹草原神兽在奔腾，勾践脸上仍是毫不在意的样子，缓缓转头，向侧旁的外交担当范蠡问道："军师，你怎么看？"

在命悬一线的人面前抖机灵，你的良心不会痛吗？人家缺水你送两条咸鱼，算不算伤害性不大，侮辱性极强?你搞这么一出好戏,会给对手造成多大的心理阴影面积,难道你不知道吗?作为一个大国元首,脑洞整这么大,你觉得合适吗?如此耍宝,不担心你伟大英明的大国元首人设"塌房"吗?你这是逼我越国段子手们轮番上场的节奏啊!范蠡看看案上摆放整齐的两条咸鱼,也是醉了,莞尔一笑,朗声答曰:"大王,难得吴王如此盛情,来而不往非礼也,我们得给吴王准备回礼啊!"

勾践矜持地点点头:"对,有劳军师费心。"

范蠡弯腰拱手:"微臣领命。"

人生如戏,全靠演技,亦真亦假,无可挑剔。当着处在吃瓜第一线、一心想吃个大瓜的吃瓜群众——吴使的面,作为史上著名实力派演员,勾践、范蠡君臣二人一唱一和,配合默契,表演到位。

越王祠勾践、范蠡、文种雕像("江上越王台,登高望几回。"——〔唐〕宋之问《登越王台》)

洗马池（"压乌山小疑遗垒，洗马池深想霸图。"——〔清〕傅鼎乾《登越王城山》）

人工制造的一切笑点，在生存的困境面前都会显得无力和苍白。

全程围观、满心期待的吴使一脸失落。

弃政从商后三成巨富又三散家财，被后人尊为"商圣"的范蠡，这位懂生意更懂人心的完美男人，灵活的生意头脑快速回放：当年主持在山顶修筑城池时，有意掘井贮水，并放养了一些鲤鱼。如今战事吃紧，军粮告乏，大部分鲤鱼成了盘中餐。幸亏洗马池还留有一些，此刻正好派上用场。范蠡当即命人提着木桶抓来两尾最大的文锦鲤鱼，用清冽的井水盛着，回赠吴王。

得到号令，越军骑兵骑着马沿着城墙来回奔跑。

为壮军威，卧床不起的伤兵也拼命呐喊起口号。

木桶里，两尾活蹦乱跳的鲤鱼翕张着嘴、摇摆着尾，一脸无辜地看着目瞪口呆的夫差：你不懂我，我不怪你；你若懂我，你会怪我。

哎哟，剧情这么快就反转了？被困山顶的勾践居然还能想出如此绝妙之神回复，看来小国有高人啊！这真的太讽刺了。本来想讥笑一下人家，想不到这么快就被人啪啪打脸的夫差，搔头摸耳，直叹："扎心了，老铁！"

收起你的鄙视链，否则被鄙视的就是你；收起你的傲慢，否则下不来台的就是你。这金句，简直就像是专门为自己量身定制的呢！

西施别越（"艳色天下重，西施宁久微？朝为越溪女，暮作吴宫妃。"——〔唐〕王维《西施咏》）

经此教训，狂傲的夫差收敛了许多，开始讲求做人的底线，开始学习怎么样爱护百姓、宽恕别人、宽容对手。

二

"八月涛声吼地来，头高数丈触山回。""八月十八潮，壮观天下无。"看过钱江潮的人，内心无不为这一天下奇观所激荡。

地皮微微震荡中，原本缓缓流淌的江面闪现出一条白线，由远而近，飞驰而来。潮头推拥，如万马齐奔；潮声轰隆，如万鼓齐擂。顷刻间，潮峰耸起，一道三四米高的水墙直立于江面，喷珠溅玉，由东向西。水汽湿面，涛声震耳。面对一江潮水，尤其是初次见到一江东入大海，复滚滚西归的潮水，激情澎湃，情难以抑，是不足为怪的。

"钱塘郭里看潮人，直至白头看不足。"天下伟观，谁不爱看？白居易（772—846）就是一个十足的"潮迷"。这位文章太守十四五岁时曾游历过苏州、杭州。大概是钱江潮给他的印象太过深刻，以至30多年后，年过半百的他还在来杭州任刺史的路上，就开始急切地想念起钱江潮。到了杭州后，他自然逮住一切机会看潮：立着要看，躺着也要看；白天要看，晚上还要看。甚至，来了客人、朋友，他拿来招待人家的，除了那温婉的西湖水，就是这壮观的钱江潮。暖男一枚的他，生怕从北方远道而来、兴致勃勃的友人看不清奇妙的夜潮，还十分贴心地叫人点起许多火把。

钱塘江潮水，浪高水急，以排山倒海之势拍打、冲击两岸，或因风暴助潮肆虐，或因涌潮冲毁堤塘，吞噬田地，毁坏屋舍，陷溺百姓，破坏力巨大，使其成为我

钱江潮（"八月涛声吼地来，头高数丈触山回。"——〔唐〕刘禹锡《浪淘沙》）

国历史上仅次于黄河的一条多灾害之河。即便对潮水又爱又恨的白居易恭谨虔诚地作《祭浙江文》，卑躬屈膝地祷告于潮神，潮水依然故我。即便吴越国王钱镠（852—932）的弩箭再快，射潮的弓箭手再多，也奈它不得分毫。钱塘江的堤坝，总是这段才修好，那段又被冲塌了。"黄河日修一斗金，钱江日修一斗银。"在捍海石塘这样牢固的堤坝建成之前，潮水一天两次，汹涌澎湃，狂野桀骜，这实在是一座濒江城市的苦难。

三

被称为"后海"的杭州湾，东海潮汐逆钱塘江、曹娥江、浦阳江等自然河流上溯平原，与江河洪水相顶托，在平原地区潴成众多湖泊。日复一日，潮起潮落，海水退去，泥沙淤积，海湾演化成江湾，钱塘江两岸形成了许多潟湖。

其实，钱塘江北岸属于太湖流域的杭嘉湖平原和南岸的萧绍宁平原，河湖相连，水网密布，历史上曾有过一个稠密的湖泊群。

南宋杭州人吴自牧撰的《梦粱录》载："下湖，在钱塘门外，其源出于西湖。""仁和永和乡有湖者二：曰石桥湖，曰丁山湖。天宗门外曰泛洋湖。仁和长乐乡像光湖，唐时湖中现五色光，掘地得弥勒佛石像，乃建寺，及湖名俱曰像光。仁和桐扣山下名石鼓湖。"①

清代杭州人翟灏（？—1788）辑录的《艮山杂志》记载："今自赭山约十余里，为临平湖。又十余里，为槎渎。又十余里，为诏息湖。又十余里，为泛洋湖。又十余里，为缆船石。以上五处，在今犹为大泽，在古则联贯成一，其水波之汹涌可想也。"泛洋湖很大，与杭州城内的白洋湖相连。"泛洋"之名，也足见湖曾经与海相通。明正德年间（1506—1521），当地居民在已缩小为天宗水门外大河的河畔掘出一大船，"乃是泛海之舟，规制甚异"，更是通海之证。②

除了上述几个湖泊，据清光绪癸卯（1903）杭州举人钟毓龙（1880—1970）所著的《说杭州》记载，曩昔杭州还有在临平镇东南的临平湖、在塘栖镇八字桥东的翠紫湖、在西溪东北的南漳湖、在泗乡长山下的长山湖、在泗乡石龙山下陆家岭的铜鉴湖、在生金山长庆寺旁的长庆湖等。

东海扬尘，陵谷沧桑。由于自然淤积和人类活动的影响，许多湖泊已经湮废，有的经历代修筑、改造，已成为人工湖泊；有的因开凿河渠，成为河流的一部分，已失去湖泊形态及其水文特征。如今浙江省内人们耳熟能详的，是杭州西湖、绍兴东湖、嘉兴南湖、宁波东钱

①〔宋〕吴自牧《下湖》（《梦粱录》卷十二）。
②〔清〕翟灏《志地》（《艮山杂志》卷一）。

白马湖（"一棹湘溪渡，几曲横塘路。绿荫冉冉嫩红肥，住住住，白马晴波，玉屏烟树，望中无数。"——〔清〕陈至言《醉春风·湖上即事》）

湖这四大名湖以及人工湖泊千岛湖。

当然，演变过程是缓慢的。就如其中西湖、湘湖这些后来广为世人熟知的湖泊一样，都还要经历漫长的光阴。

古代浦阳江下游为冲积平原，受洪水和海潮影响，形成一片低洼沼泽地带，临浦湖、通济湖、渔浦湖、西城湖、白马湖等众多湖泊，分布在浦阳江下游与钱塘江之间、萧绍平原西部。春秋时期，浦阳江下游泥沙淤积，临浦湖基本湮废。至北宋中叶，尚有厉市湖、周官湖、清霖湖、卸湖、通济湖存在。明朝嘉靖年间（1522—1566），东湖、净林湖、回龙庵湖、詹家湖尚残留。①

白马湖旧称"排马湖"，曾是吴军十万兵马排马布阵的地方，因地势低洼，日久积水成湖，为萧山北部一大湖泊，分东、西白马湖。早先的时候，湖中有数块陆岛，且岛中有湖，宛如沧海浮螺，波光岚影，风景极佳。

① 陈志富《中部湖泊》（《萧山水利史》第四编）。

当年吴越争霸,作为越国军事前沿的白马湖这一带水域,叫"固陵港"。港以固陵城而得名。因是范蠡主持修筑,故又名"范港"。当时固陵港为一环形大军港,可屯战船数百艘,越国水师常年在这里驻守。港之外,是开阔的水域,通江连海。越国的多次军事行动,都从这里出发。①

凌晨,天刚蒙蒙亮,算准天文大潮涨潮时间,越军残部驾船往东南方向突围。西撤避潮的吴军水师发现越军动向,想追已是来不及。加之水情不熟,大船追击有搁浅之虞,只能望洋兴叹,眼睁睁看着五千越甲如鸟出樊笼鱼脱网,逃出生天。

① 〔东汉〕袁康、〔东汉〕吴平《越绝外传记地传》(《越绝书》卷八)。

江的困扰：
帝王的出巡与书生的出行

一

干戈不休、七雄纷争的烽火狼烟，最终在秦纛前——熄灭。

"基建狂魔"秦始皇（前259—前210），这位对中国和世界历史都产生深远影响的皇帝，在全国建高速公路，筑万里长城，挖郑国渠、灵渠……神州大地简直成了他用来描绘宏图霸业的一张图纸。

泰山封禅，会稽（今浙江绍兴）祭大禹……扫灭六国后，这些不世伟业一一被列入了始皇帝出巡队伍的行程。公元前210年，即将走向生命尽头的秦始皇，第五次东巡，"过丹阳，至钱唐。临浙江，水波恶，乃西百二十里，从狭中渡"①。据传，秦始皇祭禹返回途中，途经萧山，登北干山望钱塘江，突发奇想，传旨修桥，要"銮舆过江"。

在这滔滔大江上修一座桥，是不习惯南方的交通工具，来时晕船了，吐得七荤八素？抑或是想造福百姓，流芳后世？或者是想展示君临天下的威仪，炫耀一下那

①〔汉〕司马迁《秦始皇本纪第六》（《史记》卷六）。

长长的出巡队伍？彪悍的人生不需要解释。总之，站在连山渡口的他，不想乘船渡江，要坐他惯坐的马车过江。

水土不服、身体欠佳的皇帝大人，一想起江波的颠簸就心有余悸。还是六匹骏马拉着的金根车坐起来舒服：既稳当，又宽敞；既可坐，又可卧；既是座驾，又是战车。百官随行，华盖翩翩。前有护卫，后有伴驾，车队浩浩荡荡，宛如游龙。前面的属车蒙虎皮，队尾的属车悬豹尾，既威武，又拉风。

设计，选址，采石，打桩……石匠扛着榔头、铁凿来了，民夫带着畚箕、镬头来了，伙夫挑着炊具、锅碗来了，杂役背着粮食、柴火来了。湘湖之滨，连山脚下，人头攒动，一派繁忙。

臣僚、军士驱赶蚁群般的越地百姓日夜赶工。

叮叮咣咣的斧凿声中，嘿哟杭育的打夯声中，数百

钱塘江（"天分浙水应东溟，日夜波涛不暂停。"——〔五代〕钱镠《筑塘》）

根石柱立在了江中。

钱塘江潮信日夜两番，不违时刻。农耕时代，江上建桥，也就是始皇帝才敢生发如此宏伟构想。然而，在大自然的伟力面前，皇帝大人也好，升斗小民也罢，什么都是浮云，浪头该多高还是多高，潮涌该多猛还是多猛。"钱塘江石桥"最后沦为史上有名的烂尾工程，一烂千年。一贯霸气侧漏的秦始皇，无奈低下他那顾盼自雄的骄傲的头颅，惆怅地登舟北归。

二

当然，大桥若是修通，后人肯定会感念这位千古一帝做了一件功在秦代、利在千秋的大好事。

例如从东南的福建漳州一路徒步到西北的陕西西安的书生周匡物。

周书生并非健走爱好者，之所以选择徒步，实在是因为阮囊羞涩。

"朝为田舍郎，暮登天子堂。"一个个草根逆袭的榜样人生，让一代代读书人背起简单的行囊，腋下夹着一把油纸伞，最后回望一眼村口高大蓊郁的古树后，毅然决然地踏上赶考的漫漫长途。

然而，理想很丰满，现实很骨感：滚滚钱江水，阻挡住了一介书生追寻梦想的疲惫脚步。钱江南岸，西陵渡口，川资告乏的书生，茕茕孑立，彳亍徘徊，满怀侘傺。凝眺江面残留的几十根石柱①，遥想帝王将相虽然同样受阻却做了那么多轰轰烈烈丰功伟绩的前朝旧事，眼看自己十年寒窗日夜苦读的艰辛将要付诸东流，不胜感伤，

① 〔清〕悔堂老人《艺文》（《越中杂识》下卷）。

长吁短叹。

其时，西陵渡口对面的杭州，水居江海之会，陆介两浙之间，南临钱塘江，上通婺、睦等州，下连外海大洋，交通便捷，在京杭大运河开通后，获得了长足的发展，已经成为钱塘江下游最重要的城市。

而那时的钱塘江，要比现在宽阔得多。当今之城市聚落，许多皆为江流故地。五代后梁开平年间（907—911）潮沙涨没以前，秦望山东南有崔嵬巨石，横截江涛，商旅船只过此，多为风浪倾覆，因此呼为"罗刹石"①。一日两潮来势凶猛的钱塘江由此得了"罗刹江"的恶名。

夜里，涨潮声中，愁思难抑的书生，就着昏暗的油灯，挥毫泼墨，在公馆墙上题诗一首，一抒悲愁：

万里茫茫天堑遥，秦皇底事不安桥？
钱塘江口无钱过，又阻西陵两信潮。

没承想，第二天恰逢杭州郡守经过渡口，郡守见了题诗，责怪津吏后，把周匡物送过了江。从此，西陵渡口舟子再不收取赶考者船资。②

唐元和十一年（816），周匡物参加殿试，在同科考取的33名进士中排名第四，成为漳州建州自唐垂拱二年（686）以来的130年中登进士第的第一人，名震闽中。

"读万卷书，行万里路。"古人是这么说的，也是这么做的。

由晋至唐，会稽山水天下独绝，是江南山水风光的头牌。而彼时的西湖，名不见经传，"钱塘艳若花，山

①〔明〕田汝成《浙江胜迹》（《西湖游览志》卷二十四）。
②〔宋〕尤袤《全唐诗话》（《历代诗话》）。

阴苧如草。六朝以上人，不闻西湖好"。吸引诗人们眼球的，是天下白的越女，是五月凉的鉴湖，是山川相映发的山阴道，是西施曾浣纱的若耶溪……哪里轮得着杭州西湖这一泓浅水什么事！

就在周匡物给遥远偏僻的家乡带来无上荣耀的时候，大唐灿若群星的诗人们早已如过江之鲫，渡钱塘江，过白马湖、渔浦渡，沿着浙东运河，沿着被后人称为"浙东唐诗之路"的文化古道，纷至沓来。据统计，《全唐诗》收录的2800多位诗人中，有400多人游览过这条山水人文结合、景观文化相映、飘逸着翰墨清香的黄金旅游线，流传至今的浙东唐诗有1500多首。李白（701—762）、杜甫（712—770）都曾经乘舟溯剡溪而上，饱览"山色四时碧，溪光七里清"①的美景，感受"连峰数千里，修林带平津"的风光，留下了《梦游天姥吟留别》《壮游》这样逸兴遄飞的诗篇。

这也是古时陆路交通不便的情况下，杭嘉湖平原、萧绍宁平原发达的水系带给古人的巨大福利。

① 〔唐〕王贞白《题严陵钓台》（《唐诗别裁集》卷十二）。

河的福利：
来一场说走就走的旅行

一

诗人们由杭入越，或从浙西经富春江入浙东，有两大入口：一是西陵渡，位于湘湖北面；一是渔浦渡，位于湘湖西南。

地处钱塘江、富春江、浦阳江三江口的渔浦，淡水、咸水交汇，气温适宜，是鱼蟹鸥鹭栖息繁衍的理想地。日落时分，满天红霞映在三江口辽阔的水面上，波光粼粼，水天一色，绚烂壮丽。清代萧山临浦人王雾楼就曾自豪地赞美家乡的风景："钱塘看潮涌，渔浦观日落。浙江两奇景，亘古称双绝。"

被誉为"到此岂可无诗"的西陵和渔浦，同被视为浙东唐诗之路的起点。达官贵人、商贾行旅、文人墨客到此，或观潮遣兴，或访古探幽，或送友饯别，或登舟入越，心神激荡，吟咏唱和。

秦汉时期，钱塘江入海口大致由长河附近推移到西兴附近，西兴陆地渐渐形成，白马湖水道进一步淤积，其东北端的白马湖、落星湖逐渐形成。

第一章 一座水做的城市

渔浦日落（"钱塘看潮涌，渔浦观日落。浙江两奇景，亘古称双绝。"——〔清〕王雾楼《渔浦观日落》）

魏晋南北朝时期，原来的白马湖水道完全淤废，在白马湖、落星湖的西南侧，又出现了净林湖等湖泊。湘湖西南端与渔浦之间的淤积带进一步凸显，湘湖与渔浦被完全隔开。

然而，湘湖与渔浦之间的淤积带并不能完全阻止钱塘江的洪水和潮水，湘湖湖底也就不断淤积抬升，湖面被沼泽浅滩慢慢分割。唐朝后期，随着当地生产力的发展，滩地沼泽被垦殖，古湘湖逐渐湮废。唐朝末年，湘湖内部已经被分割成若干面积不等的小湖，出现了水面、沼泽、农田并存的局面。吴越政权结束时，湘湖已基本淤废。①

天然湖泊自然形成、湮废的同时，人类活动也在慢慢地影响着地形地貌。

① 蔡堂根《西城湖的兴废》（《湘湖史话》第三章）。

二

萧绍越地，河湖纵横，水网发达。春秋越国，"以船为车，以楫为马"。晋代惠帝时期（290—306），在会稽内史贺循（260—319）力倡并主持下，一条西起西兴，穿经萧绍平原，直通会稽城的人工运河开通了，史称"西兴运河"，俗名"官河"。由于它横贯萧绍平原，人们习惯把自滨江西兴至绍兴曹娥江的这一段称为"萧绍运河"。后人又将西兴运河延伸，至钱清与西小江汇合，到达曹娥江，再与曹娥江以东运河连接，直达宁波甬江，全长约250千米，"西通钱塘，东达台宁"，成为著名的浙东运河（又称"杭甬运河"），并与鉴湖水系相连，形成了一个以萧绍运河为东西主干、大小湖泊与众多河渠为南北网络的运河水系，给东南沿海居民的生产生活带来了极大的便利。

浙东运河如一条舒缓延展的飘带，串联起村镇、寺庙、古塔、茶亭，串联起田畴、埠头、池沼、树林。烟堤柳岸，竹篱茅舍。白鹭低飞，鱼翔浅底。农人弯腰插秧，樵夫挑着柴草，渔翁静坐垂钓，浣妇棒槌起落，牧童牛背吹笛。河畔蒙馆书声琅琅，山腰寺庙钟声悠扬……丰富地变换着内容的山水画卷，让江南的美一直深入到中原士人深情凝望的双眸里。而在"永嘉之乱，衣冠南渡""安史之乱，流民南移""靖康之变，宋室南迁"这样的社会大动荡时期，江南大地、越中山水，不仅是携妻带子的他们的理想新家园，更成为千疮百孔的心灵的最后避难所。

京杭大运河所经之处，大都是江南江北的平原地带，一望平畴，不免单调乏味。浙东运河则不然，它虽亦系东西横贯于萧绍宁平原之上，但整条运河的南岸，会稽山脉和四明山脉绵亘。时人称为"才绝、画绝、痴绝"

三绝、六朝四大家之一及水墨画鼻祖之一的顾恺之（约345—409），从会稽写生回到老家无锡，人问山川之美，顾恺之答曰："千岩竞秀，万壑争流，草木蒙茏其上，若云兴霞蔚。"①

诗人们观钱江潮，游古湘湖，登萧然山，再沿着运河，一路踏歌而行。绿水青山深深地吸引了北方士人。诗文相传，有口皆碑，他们盛誉：越中山水似蓬瀛。以至于从洛阳一路南下急巴巴赶来的孟浩然（689—740），人还在钱塘江的渡船上，就翘足引领向南眺望，迫不及待地问同船渡客："何处青山是越中？"

唐时，浙江经济刚刚开始较快发展，原始的山水林木保存完好。湿润的气候，丰沛的雨水，让临平湖、若耶溪、楠溪江、天竺山、天姥山、天台山等景观充满了灵气。长期生活在中原地区的诗人们，一见江南山水，个个喜出望外。风光景致随舟楫前行不断变化，游目骋怀，触景生情，诗人们文思泉涌、下笔有神。正是借助于他们深情款款的笔墨，后人才得以窥见千百年前浙江山水的灵秀、古人友情的醇厚。

也正是得益于萧绍宁平原水网的稠密、水路的便捷，才让个性张扬的风流名士，即便是在大雪纷飞的冬夜，也能来一场说走就走的旅行。

三

好雪。

窗户纸白了，惊醒了王徽之（？—386）。

"我爸是羲之"的王公子，穿衣起床，叫下人准备酒菜。

---

① 〔南朝宋〕刘义庆《言语第二》（《世说新语》卷上之上）。

赏雪，咏诗，饮酒，吃菜。可寡酒毕竟寡味，不过瘾。"绿蚁新醅酒"，找个朋友，喝个痛快，多好；"红泥小火炉"，围炉夜话，聊个尽兴，多好。率性随意，说走就走，王公子拍响了相熟的舟子家的门。

舟子早已经睡下了，听嘭嘭嘭敲门声急，只得从暖烘烘的被窝里钻出来。

"走，送我去剡县（今浙江嵊州），见个老朋友。"习惯吩咐人的王公子简明扼要地吩咐道。

听多了见惯了名士们各种奇葩、各种搞怪的舟子，倒也没有当场惊掉下巴。虽不情愿，自己也不是房奴、车奴、卡奴、月光族，可上有老下有小，纳税应役、小孩上学、父母看病、柴米油盐、吃穿用度、人情往来等等基本支出外难得有余粮，长途单子不易接，看在孔方兄的面子上，雪夜就雪夜吧。舟子二话没说，穿裹好外套，戴上乌毡帽，摘下墙上的蓑衣，抓过门后的船桨，跟着王公子就出了门。

下雪不冷化雪冷。漫天大雪中，舟子坐在船尾，屁股下垫个蒲墩，双手划单桨把航向，双腿伸缩，以脚蹬橹，手脚并用，把船划得既稳又快。天亮时分，从山阴到剡县，由黑变白的乌篷船停靠在了戴逵（？—396）的家门口。

雪后初霁，红日东升。盖着厚被子齁齁呼呼大睡了一路的王公子，哈欠连天地从船舱里钻出来。舟子赶紧架起跳板，伺候王公子登岸。

王公子立在船头，转动着硕大的脑袋，眯缝着惺忪的睡眼，看了看戴逵家紧闭的大门，转身对舟子挥挥手："走，我们回去吧。"

彻底懵圈的舟子，这回没忍住好奇，不禁弱弱地问了一句："公子不看望戴先生了吗？"

"吾本乘兴而行，兴尽而返，何必见戴？"①王公子一脸不屑。

跟着感觉走。潇洒走一回。名士自然倨傲。有钱就是任性。哥儿们玩的就是个心情。

得嘞，回吧。啥也甭说了，说多了都是泪。

深感智商余额不足的舟子，可怜头上还蒸腾着热气，浑身热汗还没凉透，正想找个地方烤烤火，好好歇一阵解解乏，却连一口热茶也没喝上就得返程了。

"雪夜访戴"的那一叶夜航船，就这样在一个舟子"黑+白"的来回艰辛奔波中，停泊在了后人向往心灵自由、行为洒脱的梦想港湾里，随时准备起航。

譬如一千多年后张岱（1597—1689）的"雪夜游湖"，就是对"雪夜访戴"心有灵犀般的遥相唱和。

四

明崇祯五年（1632）腊月，大雪下了整整三天三夜，终于停了。入夜，天寒地冻，寒气砭骨。舟子一家正准备上床睡觉，门却被敲响了：张相公要雪夜游西湖。

张相公没有恃才傲物、自命清高的那些文化人惯有的臭毛病，从来不会对蓝领阶层摆出一副优越感，而总是把"请"字挂在嘴边。舟子十分乐意接他的单，何况还是雪夜游湖如此风雅之事。

---

① 〔南朝宋〕刘义庆《任诞第二十三》（《世说新语》卷下之上）。

另外还有一个舟子不愿说出口的原因,就是西北民变烽火愈燃愈烈,居安思危,往米缸里尽可能多地存点粮,总是没错。

皎洁的月光下,"雾凇沆砀,天与云、与山、与水,上下一白",西湖一下子辽阔了许多。此时,"湖上影子,惟长堤一痕,湖心亭一点,与余舟一芥,舟中人两三粒而已"。①湖中人鸟声俱绝,天地之间,是一个宇宙洪荒般大大的静。

这是难得安静的雪夜西湖。船桨有节奏的划水声,更增添了雪夜出门人的孤怀雅兴。独抱冰雪之操守、孤芳自赏之情调,发乎内而行于外,雪夜游湖,那是再自然不过的事。看着张相公苍松般遗世独立于船头的背影,舟子只有羡慕,没有嫉妒,更没有恨。

令人叫奇的是,湖心亭内,居然有人捷足先登。"两人铺毡对坐,一童子烧酒,炉正沸。"②他们准备得很充

①②〔明〕张岱《湖心亭看雪》(《陶庵梦忆》卷三)。

雪湖（"山头白白六花铺，水面青青一髻孤。"——〔明〕高得旸《孤山霁雪》）

分，带来了毯子、美酒、炉子、炭火，当然还有下酒菜，边喝酒边赏雪，是真正的玩家、性情中人。

那芬芳四溢的酒香，那咕嘟咕嘟的气泡，那熊熊燃烧的炭火，在这个寒冷的化雪之夜，温暖了西湖，温暖了人间，温暖了风雨飘摇的大明王朝，温暖了一代代寒窗苦读的读书人的双眼。

金陵（今江苏南京）客人热情地邀张岱同饮。三人席地对酌。冰天雪地里的一场萍水相逢，因为雪夜西湖，而显得那么风流蕴藉、逸趣横生。

童子也分别给两个舟子倒了满满一杯热酒，让他们暖暖身子。

万籁俱寂。觥筹交错之声，成了雪夜西湖里唯一的天籁，如丝竹般悦耳。这一夜的西湖，是他们五六个人的。

夜深了，张岱道别回家，但仍兴犹未尽。

难怪舟子送张岱上岸后要喃喃自语："莫说相公痴，更有痴似相公者。"

舟子这句跌落西湖水面的感喟，被一脸"小确幸"的张岱接住了，顺手捧进了他当夜的笔记里。

天冷，手僵，写了寥寥数行就上床睡觉了。搁笔前，他随手给这篇短文取了个题目：《湖心亭看雪》。

崇祯五年（1632）西湖的这场大雪，因为他这短短百来个字，经久不化地落在后世文人的目光里。

五

游过西湖的文人们，满怀期待地要进入更加辽阔的越中山水。他们渡过宽广的钱塘江，从西兴登舟，途经"运河穿城"的萧山古城，过绍兴、上虞，然后从曹娥江溯剡溪而上，过剡中，沿途经嵊州、新昌，至天台、仙居、临海。剡溪、鉴湖、兰亭、东山、天姥山、天台山、石梁飞瀑……水的气息，让诗人们呼吸到了大海的丰沛；山的葱茏，让诗人们感受到了江南的温润。

而屡见于唐诗宋词的鉴湖，是会稽太守马臻（88—141）于东汉永和五年（140），纳山阴、会稽两县"三十六源"之水而成，周回358里，溉田9000余顷，[①]是个真正意义上的大湖。苏轼（1037—1101）描述说"镜湖席卷八百里"，足以让人遥想当年鉴湖之烟波浩渺、横无际涯。"镜湖三百里，菡萏发荷花。"习惯运用夸张手法的李白，这回倒是没有夸大其词。

① [宋]庄绰《曾巩鉴湖图序》（《鸡肋编》卷中）。

湖的譬喻：欲把西湖比西子

一

"东坡先生尝谓，杭之有西湖，如人之有目。某亦谓，越之有鉴湖，如人之有肠胃。目瞖则不可以视，肠胃秘则不可以生。二湖之在东南，皆不可以不治，而鉴湖之利害为尤重。"①

南宋绍兴二十七年（1157）状元、绍兴府签判王十朋（1112—1171）考察过鉴湖之后认为：西湖是美丽的，它让杭州妩媚动人；鉴湖是实惠的，它像肠胃一样，不断给这片土地输送养分，使绍兴物阜民丰。所以二湖都要好好治理。

西湖、湘湖、鉴湖这三个钱塘江南北两岸有名的湖，因为地缘相近、人缘相亲，就难免被好事者拿来一番番比较、一番番作喻。

尤其是西湖与湘湖这两个"姊妹湖"。首先，从空间距离上讲，她们隔江而望，相距甚近，都是由远古的海湾演变而来的潟湖。其次，从地理形势上看，两个湖均被群山环抱。再者，两个湖又都曾是重要的水利工程，

① 〔宋〕王十朋《鉴湖说》（《梅溪集》卷二十七）。

都曾是城市饮用水和周边农田灌溉的重要水源。甚至，两个湖的名字都极其相似：西湖因在当时的杭州城西，得名为"西湖"；而湘湖前身在尚为自然湖泊时，因位于越王城山之西，曾用名"西城湖"。

宋室南迁，建炎三年（1129），南宋朝廷感念吴越国王钱镠对杭州的历史功绩，以其故里"临安"为府名，升杭州为"临安府"，绍兴八年（1138）正式定都于此。定都杭州后，萧山成了这个孱弱朝廷南面国土上距离京城最近的县城，从浙江东部进入杭州的咽喉。浙东的海盐、稻米、蚕桑等，均经萧山入杭州。

迁客骚人荡一叶小舟，过钱塘江，游湘湖，沿运河，往越中。湘湖于是成了文人眼中的风景、杯中的话题、笔下的常客。

明清之际，有人认真地把湘湖与西湖作了比较，认为湘湖环湖青峦耸峙，山中藏湖，湖中多岛，湖光山色不在西湖之下，故称湘湖为"赛西湖"。明代著名才子张岱就认为："盖西湖止一湖心亭为眼中黑子，湘湖皆小阜、小墩、小山乱插水面，四围山趾，棱棱砺砺，濡足入水，尤为奇峭。"①

不过，张岱再怎么扬湘湖贬西湖，湘湖的名气还是无法与西湖相提并论，尤其是在苏轼的一句旷古赞誉面前。

二

"欲把西湖比西子，淡妆浓抹总相宜。"心与景会，神与境通，苏轼的妙手偶得，因为写的不是西湖一时一处之景，而是对西湖的全面写照和评价，遂成西湖千古

①〔明〕张岱《湘湖》（《陶庵梦忆》卷五）。

晴湖（"西湖胜概甲东南，满眼繁华今几年？"——〔元〕于石《西湖》）

定评，妇孺皆知。西施之后，无人亲睹西施其人，却人人皆知西施之美，也就人人可以按自己的审美观，由美女来感受美湖，乃至没有到过西湖的人也可以凭借西施来想象西湖。

"水光潋滟晴方好，山色空蒙雨亦奇。"苏轼的这首诗太出名了，影响到后世，深入到人心，以至让无数的后人一心要感受、体验这位文章太守的感受、体验。大概是从他这首诗开始吧，有人提出"晴湖不如雨湖"的观感。后人又在此基础上，进一步总结，说："雨湖不如月湖，月湖不如雪湖。"①

其实，让未见过的人心驰神往、已见过的人魂牵梦萦的西湖，四时朝暮，阴晴雪月，游者心会，无在不宜，并不限于一角一隅一季一时。而这，也正是西湖之所以可贵、之所以迷人的地方。

"西湖最盛，为春为月。"②淑景芳辰，风和气清，莺飞草长，春光和煦，最是宜于看花赏柳、登高望远。在湖边趁着风轻放纸鸢，蓝天如洗。在苏堤看红的桃花、

①〔明〕汪砢玉《古朴山房记》（《西子湖拾翠余谈》卷下）。
②〔明〕袁宏道《晚游六桥待月记》（《袁宏道集笺校》卷十）。

白的杏花，花朵鲜妍。青草如茵，波平似镜。晴湖，波光粼粼，湖色旖旎，如美女素面朝天，一览无余地呈现在你面前，却又让你无端地生出了过于直白、韵味不足的丝丝遗憾。

女为悦己者容啊！于是西湖来点雨，用雨来梳妆一番，打扮一下。这雨还不能太大、太急。最好是小雨。小雨，慢条斯理，淅淅沥沥。远山空蒙，山色如黛。近水氤氲，柔水缱绻。烟雨浸润了北地人干渴已久的思念，烟雨慰藉了南方人空虚多时的怀想。算是淡妆吧，下在西湖上的雨，发出催化剂一般的共情作用，雨湖，如美女罩了面纱，西湖就显出了朦胧婉约之美。雨中游湖，让人感觉自己从烦嚣世俗中抽身而出，不禁陶陶然有闲云野鹤之轻松惬意。

因为有了月亮的陪伴与月色的衬托，西湖多了绰约空灵之美。天上月亮，广寒宫的嫦娥；地上明珠，城市边的西子。神话与传说，仙女与美女，亦真亦幻，惝恍迷离。月宫有桂，西湖有柳。一轮明月，万顷银波。月色，

雨湖（"望里南宫波墨山，小窗残烛放舟还。"——〔明〕谭贞敩《南屏归艇遇雨》）

月湖("百顷西湖一明月,此身已在广寒宫。"——〔明〕沈之琰《西湖》)

皎洁澄澈,朦朦胧胧。远山蒙纱,近树笼烟。微风过处,湖水荡漾;烟波澄净,上下一色,月光如水水如天。月夜游湖,让人感觉自己从纷扰尘世中抽离出来,不禁熏熏然有风花雪月之雅致逸兴。

雨湖、月湖不算难得,雪湖却是稀罕。大雪,纷纷扬扬,飘飘摇摇。银装素裹,碎琼乱玉。算是浓抹吧,下在西湖上的雪,发出致幻剂一般的魅惑功能,雪湖,如美女披了狐裘斗篷,顿时变得高贵典雅起来。于是乎,平日明艳艳人的西湖,悠悠然有逸尘出世之风姿;久困俗务的游人,恍恍然有琼台仙境之观感。雪中游湖,让人感觉自己从滚滚红尘中转身离去,不禁飘飘然有羽化登仙之遐思妙想。

是江南山水的诗性母体滋养了西湖的诗意气质,更是一代代文人骚客用生命激情塑造了西湖的和谐、端庄、秀丽的美学特色。

三

"欲把西湖比西子，淡妆浓抹总相宜。"此评论新鲜贴切、形象可感，出新意于法度之中，寄妙理于想象之外，连苏轼本人也很是得意，后来一再引用。后人也不禁感叹："除却淡妆浓抹句，更将何语比西湖？"① 自此，把湖比作女子似乎就成了一种惯性思维模式。性情旷达、心灵自由的苏轼，妙笔生花，让后世文人自觉不自觉地就陷入他无意中留下的创作陷阱。

比如，明万历二十五年（1597）二月十四日，从无锡来杭州旅游的公安（今属湖北）人袁宏道（1568—1610）第一次站在西湖边，桃红柳绿的西湖"山色如娥，花光如颊，温风如酒，波纹如绫"，袁宏道"才一举头，已不觉目酣神醉"，痴痴地，再也想不出该如何描述第一眼见到美到极致的西湖时那种惊艳的感觉，无奈之下，只得以"曹植梦遇洛神"来作比。②

又比如，清嘉庆二十四年（1819），萧山举人王勉秋游湘湖时写道："若把湘湖比西子，不知谁是浣纱人？"③

再比如，清光绪年间（1875—1908），萧山举人黄元寿（1858—1912）在《湘湖杂咏》中说："若把西湖比西子，也将湘水拟湘灵。"④

其中最为人们熟悉的，自然是张岱的譬喻。

清兵入关、国破家亡后的张岱，穷困潦倒，披发入山，寄愁思于山水，"饥饿之余，好弄笔墨"⑤。这位绍兴人往来于杭绍之间，隐居西湖40多年，写下空灵流丽的《西湖梦寻》。

①〔宋〕武衍《正月二日与菊庄汤伯起、归隐陈鸿甫泛舟湖上》（《西湖志纂》卷十二）。
②〔明〕袁宏道《初至西湖记》（《袁宏道集笺校》卷十）。
③〔清〕王勉《湘滨秋泛》（《萧山湘湖志》卷七）。
④〔清〕黄元寿《湘湖杂咏》（《萧山湘湖志》卷七）。
⑤〔明〕张岱《自序》（《陶庵梦忆》）。

鉴湖，他一生牵绊，梦里梦外，安之慰之；湘湖，他经常途经，湖光山色，游目骋怀；西湖，他朝夕相伴，水尾山头，无处不到。这三个湖，在他看来，禀赋不同，资质各异：

> 余以湘湖为处子，眠娅羞涩，犹及见其未嫁之时；而鉴湖为名门闺淑，可钦而不可狎；若西湖则为曲中名妓，声色俱丽，然倚门献笑，人人得而嬻亵之矣。人人得而嬻亵，故人人得而艳羡；人人得而艳羡，故人人得而轻慢。①

西湖冶艳如名妓，湘湖腼腆如处子，鉴湖华贵如闺秀。对于这一评判，他十分自信，乃至说："此是定评，确不可易。"

古人眼里"湖光清似镜"的鉴湖，原名"镜湖"，宋时因避宋太祖赵匡胤（927—976）祖父赵敬讳而改名。成书于北宋太平兴国八年（983）的著名类书《太平御览》，关于鉴湖有这样的记载，王羲之云："每行山阴道上，如镜中游。"王献之（344—386）望鉴湖澄澈，清流泻注，乃云："山川之美，使人应接不暇。"

在"龙楼凤阙不肯住，飞腾直欲天台去"的李白看来，"镜湖水如月，耶溪女如雪"。一向对李白推崇备至的杜甫同学当即表示附议，说："越女天下白，镜湖五月凉。"

从北宋大中祥符年间（1008—1016）开始，渐渐有豪绅在湖上建堤筑堰、围湖垦田。宋室南渡，绍兴一度成为驻跸之地，山阴、会稽两县人口猛增，垦湖为田愈演愈烈。当时围绕复湖、浚湖和废湖曾展开讨论。越州通判曾巩（1019—1083）、绍兴府签判王十朋、会稽县

① 〔明〕张岱《明圣二湖》（《西湖梦寻》卷一）。

尉徐次铎等"复湖派"均撰文主张复湖、浚湖，并阐述废湖、盗湖为田的危害性。①

但由于历史原因，围湖为田终究不可逆转，鉴湖面积大幅度减少。南宋淳熙十三年（1186）春夏之交，山阴县的西鉴湖堙废。会稽县的东鉴湖也于嘉定十七年（1224）堙废。至元代，鉴湖已经名存实亡，仅少数特别低洼处还保留着潴水。如今零星散布的施家荡、容山湖、员石湖、青甸湖、洋湖泊、百家湖、白塔洋、康家湖等，都是古鉴湖的残迹。

湘湖"僻处萧然，舟车罕至"，养在深闺，羞于见人。豆蔻年华的少女，娉娉婷婷，虽然身材看起来像个成人了，其实骨子里还是个孩子，爱使小性子，正处于要人怜爱、呵护的青春叛逆期。"不下插板，不筑堰，则水立涸。"张岱对湘湖的性情把握，可谓识见深远、卓然独立。

至于他八弟张毅孺的评判，"西湖为美人，湘湖为隐士，鉴湖为神仙"，则似乎更符合大众的审美趣味。

美人、隐士，都好理解。可鉴湖缘何会被文人目为神仙呢？我想很大因素是一个出生于湘湖边文笔峰下的文人："诗狂"贺知章（659—约744）。

四

"金龟换酒"，诗坛大咖对年轻后进的由衷激赏，让狂傲的李白，多年以后每每忆起仍是感念不已。这位对自己的诗文击节赞赏，进而对自己一见倾心、直呼自己为"谪仙人"的前辈——贺知章，容貌清癯，精神矍铄，须发皤然，一派仙风道骨。因为常年好酒，双腮酡红，更显得鹤发童颜。清亮的双眸里，有洞晓世事、直抵人

① 张校军《兴废之争》（《绍兴鉴湖》第三章）。

心的透彻，却又有少年般浑然忘机、天真烂漫的单纯。

同声相应，同气相求。只有自带仙气的人，才能第一时间感受到他人身上的仙气，才能一眼看出他人诗文字里行间的鸾姿凤态、羽衣蹁跹。

"谪仙人"，贺知章口吐莲花的简简单单三个字，自此成了李白的专属品牌，并在贺知章不遗余力地推介、宣发下，产生了不可估量的品牌价值。"谪仙人"人设的高美誉、易辨识、独家性、排他性，刷屏了朋友圈，让李白一夜间涨粉无数，并从此受用终身、名垂千古。

假若没有贺知章为他加持，并额外附赠"谪仙人"这顶自带光环的帽子，想在诗人一抓一大把的帝都碰运气，李白大概率还得苦熬很多年。皇帝亲为调羹，"天子呼来不上船"，那更是连他本人做梦都不可能梦到的。而这颗草根明星后来能顺理成章、无缝对接地戴上"诗仙"这顶前无古人、后无来者的桂冠，自然与"谪仙人"这一人设一脉相承。

唐天宝元年（742），长安紫极宫边那家小小的酒肆里，两人开怀畅饮，把酒言欢，朗笑声震屋宇。论地位，一个高居庙堂，是四朝元老的政坛大佬、文坛大咖，一个远处江湖，是尚未出道的北漂一族、草根黔黎；论声望，一个是名满天下的诗狂，一个是初出茅庐的布衣；论年龄，一个84岁，一个42岁。但在意气相投、毫无违和感的彼此眼里，这些通通不是障碍。两颗不羁、有趣的灵魂，心心相印，惺惺相惜。

"四明有狂客，风流贺季真。"这是一个狂放者遇见另一个狂放者时的衷心崇拜。那个黄昏的那个酒馆，桂酒椒浆、醍醐杜康、湑酒浊醪，全化作了瑶池玉液。馥

贺知章雕像（"儿童相见不相识，笑问客从何处来。"——〔唐〕贺知章《回乡偶书》）

郁的缕缕酒香，氤氲在李白此后的岁月中，再没有散去。

对酒当歌，人生几何？诗酒趁年华的感奋甚至感染了忧国忧民的杜甫同学。他一边赞叹一边欣羡地写下《饮中八仙歌》。"醉八仙"中第一个夸赞的"酒仙"就是贺知章："知章骑马似乘船，眼花落井水底眠。"喝酒撸串，酒喝嗨了，前仰后合地骑在瘦马上。醉眼昏花，咕咚一声掉进枯井里，呼救无人应，干脆淡定地在井底酣酣睡上一觉。心可真大。这种"但得饮酒，何论生死"的豪迈，这种"醉袍袖舞嫌天地窄"的胸襟，学是学不来的。

大唐正青春，而自己已年迈，终于要归老林泉了。86岁高龄的贺知章告老还乡，出家为道。于是，历史上少见的太子率百官为一个退休官员送行的壮观场面出现了。

天宝三载（744）正月初五，长安东门外，长乐坡，帐幕绵延，觥筹交错。多少年后仍为人们津津乐道的盛大饯行宴会上，耄耋之年的贺知章频频举杯。开创了开元盛世的一代明主唐玄宗（685—762），此时也已是花甲之年。他饱含深情地为白发萧疏的老臣赋了一首赠别诗。意犹未尽，又写一首，并郑重其事地在诗前作了序。门生故旧、朝臣好友纷纷提笔，为"朝章换羽衣"的贺知章送行。就连奸相李林甫（683—753）在场面上也客客气气地祝愿贺老"入道求真侣，辞恩访列仙"。这些送别诗，后来竟辑成了情意绵绵的厚厚一卷。

唐玄宗还为贺知章的返乡作了周密的安排。按贺知章本人的愿望，是想回到萧山老家，以故宅为道观，以附近的周官湖数顷为放生池，颐养天年。当时萧山还是个名不见经传的小县。唐玄宗觉得让一位朝廷重臣、太子宾客回到穷乡僻壤不合身份，于是赐给他鉴湖一曲，湖畔建道观，并御笔题额"千秋观"。又任命贺知章儿子贺曾子为会稽郡司马，以方便其对老父的侍奉照顾。如此恩宠，年过不惑的李白看在眼里、羡在心底："镜湖流水漾清波，狂客归舟逸兴多。"

出走半生，归来已老。湖波未改，人物已非。出走时，寂寞无人问；归来时，儿童笑问客从何处来。

浩渺的鉴湖水，以安详宁静，抚慰了贺知章少小离家老大回的沧桑、疲惫。

洒脱的文人心，以潇洒不羁，活泼了鉴湖水五六百年的空虚、枯寂。

贺知章37岁之前生活求学在周官湖边，86岁之后致仕归老于鉴湖之畔。生命中的两个湖，一个是开始，一个是结束；一个在成长期，一个在谢幕时。中间隔着50年左右的漫长光阴，却又恍如只隔着今天与昨天。

遗憾的是，年事衰残的贺知章，回乡数月后便驾鹤仙游。鉴湖浩浩碧波，只留下了他的惊鸿一瞥。

而正是有了这惊鸿一瞥，一个湖，也就有了神仙般的俊逸优雅之姿，也就有了神仙般的超凡脱俗之韵。

天宝六载（747），诗坛新星李白热剌剌地前来鉴湖拜访他生命中的贵人。一路辗转，来到门前，却是门扉紧扃。李白还以为贺老游山逛湖去了。当邻居告知贺老仙逝已经两年多，他顿时呆若木鸡。音容笑貌犹在眼前，仙界凡尘已然永隔。湖上的荷花热闹地开着，越发衬得知音故宅的萧索。李白的两滴清泪无声地滑落湖中。清冽的湖水能消解泪水的咸，却无法稀释心头的悲。

湖边小酒馆里，有酒盈樽，却无对酌之人。寂寞独坐的李白，看着对面空荡荡的座位，久久无力举杯。

乘兴而来，含悲而去。清澈的鉴湖水，映照出诗仙哀伤地转身离去时踽踽独行的背影。

白头如新，倾盖如故；高山流水，知音难觅。世上神仙眷侣常有，而神仙朋友不常有。热烈的夏风掠过宽广的湖面，那是诗仙唱给神仙朋友的一曲深挚缠绵的尘世挽歌。

五

漫游天下、喜好山水的李白，好几次到过杭州，为何却没有留下吟哦西湖的只言片语呢？最大原因，是李白时代的西湖，还籍籍无名，远不如太湖、鉴湖等大湖名头响亮。焕发宋之问、李白他们诗情的，是奔涌的钱江潮水和幽丽的灵隐山色。而以自然形态存在的西湖，在他们见多天下佳山水的眼里，不过就是普普通通的一泓清水罢了。入不了法眼，激不起感觉，自然也就懒得提笔了。

西湖的真正出名，要等继"诗仙"李白、"诗圣"杜甫之后，大唐的另一位伟大诗人——"诗王"白居易到杭州做刺史，才开始走出无人识的深闺。

这位文章太守的诗具有深入浅出的通俗化风格，据说连不会识文断字的老婆婆听了都能理解。也因此，他的诗流传极广："禁省、观寺、邮候墙壁之上无不书，王公妾妇、牛童马走之口无不道。至于缮写模勒、炫卖于市井，或持之以交酒茗者，处处皆是。"①"自长安抵江西三四千里，凡乡校、佛寺、逆旅、行舟之中，往往有题仆诗者。士庶、僧徒、孀妇、处女之口，每每有咏仆诗者。"②甚至流传到了国外："童子解吟长恨曲，胡儿能唱琵琶篇。"正是得益于其作品如此广泛的传播，原先名不见经传的西湖才声名鹊起，并由此开始了它的开挂"湖生"。

甚至，连"西湖"这个名字，都是从他口里第一次喊出的。

唐穆宗长庆二年（822），深秋时节，富春江上，顺流而下的官船，风帆饱满。51岁的白居易，这位阔别杭州多年的诗人，正以杭州刺史的身份，牵着7岁小女阿罗的手，站在船头，眼神热切地，向西湖的方向眺望。

---

①〔唐〕元稹《白氏长庆集序》（《元稹集》卷五十一）。
②〔唐〕白居易《与元九书》（《白居易文集校注》卷八）。

第二章

那些最初的情怀

丰功茂德创南湖：
为霖管教泽苍生

一

如果说白居易所处的唐代是我国封建社会的青春期，活力四溢，书写辉煌，那么陈浑所处的汉代便可以看成是我国封建社会的少年期，一派阳光，生机勃勃。

足以证明这盎然生机的，是汉代继承秦帝国"基建狂魔"的风格，大型工程项目纷纷上马。

"善为国者，必先除其五害。""五害之属，水最为大。五害已除，人乃可治。""请除五害之说，以水为始。"[1]古人认为：不能治水，便不能理政；不能理政，便不能治国。历代统治者都把治水作为治国的头等大事，治水与治国并重。一切有为的官吏也莫不把理水作为下车伊始的首要任务，理政先理水。

秦时最有名的水利工程，自然是都江堰。秦昭王末年（约前256—前251），蜀郡太守李冰父子在前人鳖灵开凿的基础上组织修建的都江堰，由分水鱼嘴、飞沙堰、宝瓶口等几部分组成，两千多年来一直发挥着防洪灌溉的作用，使成都平原成为水旱从人、沃野千里的"天府

[1]〔春秋〕管仲《度地第五十七》（《管子校注》卷十八）。

之国"。

汉代在前人积累的技术经验上，亦大兴水利。盘点汉代那些著名水利工程，按地域各有不同：黄河流域以营建灌溉渠系为主，著名工程有漕渠、六辅渠、白渠等；江淮、江汉之间以修治天然陂池为主；东南以排水筑堤、变湿淤之地成良田为主；西北主要是利用雪水或地下水，修筑特殊的水利工程坎儿井。坎儿井更是与万里长城、京杭大运河并称为"中国古代三大工程"。

东汉熹平元年（172），33岁的陈浑（140—？）走马上任余杭县令。

二

"芦花两岸晴山雪，苕水一溪春涨红。"[1] "汤家渡头红日低，雪白苕花飞满溪。"[2] "雨足清溪拂槛流，蒹葭历历散汀洲。"[3]……苕溪两岸，月照芦花，雪白一片，薄似轻纱，亮似银露。秋风卷起飞舞的芦花，宛如扬起纷纷大雪。以两岸多生芦苇而得名的这条溪，在诗人笔下，野性而绮丽。

天目万山之水，支派分合，汇归于苕溪。苕溪有东、西之分。东苕溪由南、中、北苕溪汇合而成，处于浙西山区与杭嘉湖平原的过渡地带，西依崇山峻岭，东接平原低地，最后注入太湖。[4]坡陡流急，加之下游河道泄水能力不足等原因，若山洪暴发将直接威胁杭嘉湖平原。余杭地势低平，一遇山洪，居高临下，势如建瓴。淫雨滂沱，盈川满谷奔泻苕溪之内，溪量难以容纳，堤破岸决，平地顿成泽国，百姓几为鱼鳖。自南北朝宋元嘉十三年至民国三十七年（436—1948），余杭共遇自然灾害247次，其中179次为洪涝灾害。[5]

[1]〔宋〕陈若虚《余杭景》（《灯影夜明安乐塔》）。
[2]〔明〕田艺蘅《苕溪待渡》（《苕水一溪春涨红》）。
[3]〔明〕夏止善《苕溪晓涨》（《苕水一溪春涨红》）。
[4]曹云、葛树法《苕溪》（《南湖胜迹》第一章）。
[5]马时雍《苕溪》（《杭州的水》）。

南苕溪（"雨足清溪拂槛流，蒹葭历历散汀洲。"——〔明〕夏止善《苕溪晚涨》）

"故余杭之人视水如寇盗，堤防如城郭。旁郡视余杭为捍蔽，如精兵所聚控扼之地也。"①为防洪水，苕溪很早就建有堤塘，相传最早为大禹所建，名"西海险塘"②。东苕溪右岸大堤，因位于杭州之西，堤塘险要，为杭城及杭嘉湖的西部屏障，东与钱塘江海塘相对，故又称"西险大塘"。③

"朝见平沙，晚没苕花。"④带给百姓诸多灾难的苕溪，在县令陈浑眼中，桀骜不驯，一点也诗意不起来。

陈浑出生的第二年，会稽郡太守马臻因主持修筑鉴湖湖堤损害当地豪强的利益而被诬处死，弃市京师洛阳。从小听着前人丰功伟绩故事长大、以马臻为偶像的陈浑，决意筑湖潴水，开湖以杀水势，筑堤以防泛滥，一劳永逸地解决千百年来的苕溪洪灾危害。

①〔宋〕成无玷《南湖水利记》（《南湖腴文》第二章）。
②〔明〕陈善《南湖考》（《南湖腴文》第一章）。
③王庆《大塘锁西险》（《南湖史话》）。
④仲学辂《钱邑苕溪险塘杂记》（《南湖腴文》第一章）。

观测地形，丈量土地，分析河道形势，选择最佳筑湖位置，是陈浑的首要任务。

南、中、北三苕溪中，北苕水势最大，南苕次之，中苕又次之。

余杭县城原本在南苕溪南面，紧邻南渠河，下连余杭塘河，东通省会杭州，舟楫往来虽便，但地势平坦宽广，不便控制。带着他的小伙伴段主簿、郎典案等人，溪南溪北来回踏勘考察后，陈浑大胆地向朝廷提出奏请：把县城从溪南迁到溪北。这次整体搬迁，动员工作充分，政策说明到位，没有强拆，没有上访，充分显示出陈浑作为一个能吏的魄力和能力。迁址溪北后的县城，背靠观国山，面临南苕溪，环抱如玦，焕然一新，屹然成为郡西重镇。

湖址选在新县城西南面，分上、下两湖：西边并山者为南上湖，在县南 5 里，周围 32 里；东边并溪者为南下湖，在县南 2 里，周围 34 里。①南湖之界，东至安乐山，西至洞霄宫，北至石门塘，南至白泥、白阳，上下两湖合计面积 13700 亩。

作为蓄洪之所的南湖，建有进水口与泄水口。进水口石门涵设在湖西北。若遇暴雨，天目万山之水涌入南苕溪，水流从高处奔腾而下，势不可当。这时开启石门涵闸，把洪水导入南湖，分杀苕溪水势，洪水萦纡而东。

上、下两湖相连通，可以通过贮蓄、排泄来调节。湖心筑十字堤，将湖分为四井，以分杀南苕之暴涨。冬春水涸，湖身高于溪水。夏秋盛涨，则洪水分泄入湖。

陈浑还是担心，假若湖量不胜，怎么办？那就让潆

---

① 〔清〕潘瑗《南湖水利论》（《南湖牍文》第一章）。

余杭南湖（"涵虚极望到芳堤，四面青葱万顷齐。"——〔清〕龚嵘《赋得树里南湖一片月》）

溢而出的湖水泄出。泄水口在湖东南，堤坝长约150米，高约1.5米，即所谓"五亩塍"。南湖蓄水饱和时，水面高过五亩塍堤坝，洪水自动溢出，由石椁桥过安乐乡流入南渠河。

三

东汉熹平二年（173），秋收以后，工程开工了。没有奠基典礼，没有烟花礼炮，没有喧天锣鼓。趁着农闲时节，更趁着枯水期，南苕溪边，乌泱泱的人头聚集过来。挖方的，挑土的，抬石的，筑坝的，羸者以畚，壮者以筑，你来我往，热火朝天，每天都有上千人在工地上忙活。工程总指挥陈浑，胸有成竹，忙而不乱。"其为塘岸，规制甚工，得《周官》善防之意。"①

作为一项功在千秋、利于三郡的民生大工程，擘画全面、创制精深、谋虑长远，都是陈浑所追求的。为三郡策万全，这不仅仅是动动嘴皮子的口号，更是陈浑发自内心的梦想。工程上马后，陈浑食不甘味，寝不安席，宵衣旰食，一日不敢懈怠，一事不敢马虎。

① 〔宋〕成无玷《南湖水利记》（《南湖胜文》第二章）。

塘堤每增高一寸，距离梦想的实现就近了一步。湖一旦建成，在峡谷中一路狂奔的怒马，忽然被引流到了一片开阔地，一个面积万亩的养马场，马儿顿时放缓了疾驰的四蹄。那样壮观的场面，想想都让人激动。

余杭乃至整个浙西地区有史以来最大的工程将在自己手里完成的无上荣光，激励着这位年轻人，每日不是在工地上，就是在去往工地的路上。

一切都按计划进展，分工明确，井井有条。

"橐输四万金兼人工以十万计"[1]，南湖告成，溉田1000余顷，所利7000余户。余杭东南诸乡农田可旱涝保收，下游杭、嘉、湖三郡可免受洪涝灾害之苦。

堤岸植桑栽柳，森然成林。

离开余杭后，陈浑仕途亨通，由地方官升为京官，成了皇帝近侍之臣，官至黄门侍郎、征虏将军，封余杭侯。

四

与修鉴湖的马臻54岁被砍头乃至剥皮揎草的惨烈结局迥异，建南湖的陈浑，得到了一个为一方百姓造福后的官吏所能得到的最高礼遇。

离任的日子就要到了。当地乡绅耆宿、士人学子看得清楚：陈浑开辟南湖，洪汛时可蓄水滞洪，缓解苕溪水患；天旱时可分流灌溉，保障收成。陈浑的业绩，将"百世不易，泽垂永远"，有大功德于余杭，于是倡议修祠，使官民有所瞻仰，逢年过节亦可崇奉。怀着感恩之心的

[1]〔清〕宋士吉《增筑南湖五亩塍辅坝纪事》（《南湖牍文》第二章）。

南湖十字堤（"一天湖影连云动，两岸山容隔水生。"——〔清〕宋鳌《南湖新涨》）

余杭百姓，纷纷响应。很快，一座祠庙就在南湖畔矗立起来。

祠名"陈明府祠"。同时塑像衬祀陈浑的两名得力助手：段主簿、郎典案。

渐渐地，祠被称为"天曹庙"。

五代后唐长兴三年（932），吴越王钱元瓘（887—941）追封陈浑为"太平灵卫王"，并在县城东边建太平灵卫王庙。

北宋余杭知县扈大亮，感念陈浑为官的功业和为神的灵验，亲往祝祷祈求，并郑重地作了《陈明府君庙记》。[1]

[1]〔宋〕扈大亮《陈明府君庙记》（《南湖牍文》第二章）。

陈浑这个名字，被余杭百姓世代念叨着。农历二月十五，百花生日的花朝节，据说正是"天曹神"陈浑的诞辰。这个日子，余杭百姓一代又一代地记挂着，并要在这前后三天举行盛大的祭祀活动，俗称"天曹庙会"。①

哐——哐——，长长的迎会队伍过来了。"肃静""回避"等木制肩牌高举，彩旗招展，鼓乐喧天。耍杂技、踩高跷、划旱船，以及竹马、细乐、百子地戏等节目，令人应接不暇。

最吸引人们眼球的，是由十几个统一着装的壮汉抬着的高高的抬阁。抬阁高则五层，低则三层。每层由四张八仙桌拼接而成，桌腿向上，四边用彩色绸布包扎成梅花形状，并缀上绸花，装饰华丽。每层都有童男童女，装扮成戏曲人物。还布置了假山、亭阁等景物。

队伍从南湖天曹庙开始，过南湖，经通济桥，折回横街，走直街往小天曹庙，经文昌阁，再从闲林天曹庙折回，回到南湖天曹庙，环绕余杭城一大圈。

沿路居民、商家，家家门口摆起桌子，供上祭品，点燃香烛，虔诚祭拜。队伍所到之处，人山人海，"穷乡士女，歌呼连袂，充街塞巷"②。

一个地方官的生日，成了当地后人的狂欢节。

历代不乏清官能吏，也不乏成道遇仙的传说，百姓为造福桑梓的人立碑建祠也常见，但将一个人奉为神明并冠以"大帝""大仙""天曹"来祭祀的，就少之又少了。至若香火鼎盛、经久不衰的，那就更为罕见了。

① 〔清〕厉鹗《重修钱唐西溪天曹庙碑》（《樊榭山房集》文集卷六）。
② 王庆《庙貌三贤在》（《南湖史话》）。

钱江筑塘第一人：
有志青年圆梦路

一

与南湖纯由人工修筑不同，西湖是纯天然形成的。

在秦及西汉，钱唐县都是会稽郡的一个属县。与陈浑同为汉代人的华信，是会稽郡议曹。

原本，华信大可跟他的同僚一样，在官场随波逐流，安稳地过自己的小日子。偏偏华信是个不安分、爱折腾的主，官虽不大，野心不小。

华信要干的大事，是修筑一条捍海大塘，把西湖与江、海彻底隔离开来。

二

跨湖桥文化遗址8000年前的独木舟，河姆渡文化遗址7000年前的稻作遗存，都展现了越人不畏大海、向江海争取生存空间的基因。临江滨海的越地先民立塘捍海，不断向大江大海争取赖以生存的土地。

先秦时期，杭嘉湖一带仍是一片沼泽，港汊纵横，水网密布。西湖还是钱塘江的一个江湾，与钱塘江连在一起。钱唐县治最初设在灵隐山下，交通不便，山麓之地难以市井，自秦汉至六朝，历800多年，始终只是一个山中小县。到了汉代，现在湖滨一带泥沙淤积，渐渐形成滩涂。"潮上而湖没，潮下而湖见"，西湖成了一个随江海潮汐而时隐时现的潟湖。

为江海间之一湾的西湖，三面环山如玦形。如果修筑起一条防海大塘，"江湖始分，涨沙渐远"，把海潮拦在堤塘外面，潮退之地，平整之后可辟为水田，潮退之湖，经过雨水山泉不断淡化之后可以成为灌溉之源。良田千顷，美池万亩，在自己手上形成，岂非美事？岂非壮举？自己美名岂非可以流传于千古？

闲望宝石山（"薄云疏日弄阴晴，山秀湖平眼界清。"——〔宋〕朱淑真《湖上闲望二首》）

在官场摸爬滚打多年的华信，当然不可能想要以一己之力修筑海塘，得上项目啊！工程一旦列为政府项目，要钱有钱，要人有人。

华信向上递了筑塘奏疏。

可是，朝廷非但没有批准，还来了句"治理无力"的批评。一心想干大事的华信触了一鼻子灰，想依靠权力是无望了。

那么依靠团队？自己本身就是一员属吏，就别逗了。

普通人为了梦想奋力拼搏，到最后大多成了一场滑稽戏，感动的唯有自己。而这，往往就是残酷的现实。

幸运的是，华信有个贤内助：云娘。

三

看着郎君一天到晚眉头紧皱、闷闷不乐的样子，云娘自然要关心。华信就把想筑塘朝廷不批而自己不甘心又想不出啥法子的事，如竹筒倒豆子，通通说给了云娘听。

"天下没有免费的午餐，"云娘说，"人家挑土筑塘，你得付钱给他们。"

"可我哪里来那么多钱啊！"这是华信最纠结的心病。

"嗯嗯，拖欠农民工工资可不好。到时候你丢脸是小事，朝廷丢脸就丢大发了。只怕朝廷怪罪下来，你吃不了兜着走，官帽不保不要紧，说不定还要进监狱、吃牢饭。到时候我们母子怎么办？"云娘说到此处，眼圈都差点红了。

华信赶紧连连安慰："贤妻所虑甚是。我不修这塘就是了。"

云娘沉默了一阵，抬起头，说："塘还是要修。"

华信眼睛一亮：怪不得人家说，一个成功男人背后总有一个默默支持他的女人。自己前世积德啊，遇见了一个既贤惠又聪明的妻子。

因为他知道，云娘既然肯这么说，八成就是有戏。

果然，云娘说，先拿出家里的存款，垫付一部分工钱，以后再慢慢想办法；但是，一个篱笆三个桩，一个好汉三个帮，你得找一个老百姓信得过的人带头来帮你。他们同时想到了一个人——鲁直。鲁直为人正直，有文化，爱打抱不平，在乡民中威望很高。

当天晚上，云娘精心准备了一桌酒菜，华信把鲁直请到了家中。鲁直心中直纳闷：华老爷虽然平素也认识，父母官请客不下馆子，把一个白衣请到家里吃家宴，如此高规格，自己虽然很有面子，可华老爷这唱的是哪一出呢？

华信却没吐半点口风，只是一味劝酒、吃鱼。渐渐地，鲁直也就放松下来，不想那么多了。

酒至半酣，华信要家人叫出儿子背诵《论语》助兴。家人说少爷已经睡下了，叫醒恐怕不太好。华信发火了，说："白天不好好读书，晚上这么早就睡觉，一点也不思进取，家法伺候，应该打手心十下。"

云娘解释说:"儿子不是偷懒,是在发烧生病,刚吃了药睡下。"

华信一听,知道自己错怪了,说:"那是我错了,该打我自己手心十下。"在他的坚持下,家人只好用戒尺用力打了他十下手心。华信的右手心眼看着由红变肿,连酒杯都端不稳了。

鲁直看在眼里,记在心上,觉得华信这个父母官不仅没有官架子,很是亲民不说,还诚实守信,值得敬佩。

第二天,华信在衙门口贴出了告示:凡是挑土筑塘者,无论远近,一斛土,与钱一千。

土能换钱,有这样的好事?大部分人听了都摇头不信。但一些人冒着被骗的风险,尝试了一下,果然在工地现场领到了一根竹签,说届时以签换钱,决不食言。拿到竹签的人将信将疑,大家纷纷找鲁直分析。鲁直说:"华信是个正人君子,一言既出,必定守诺。"鲁直的话一传十,十传百。接下来的日子,挑土到筑塘工地的人络绎不绝。尤其到了后来,知道消息的人越来越多,大家蜂拥而至。

一天早上,华信宣布,以后挑土者不再给钱了,因为他没想到会有这么多人响应政府号召,现在钱不够了,之前领到的竹签大家好生保存,等待兑现。

没有钱,远距离挑来的土石难道还挑回去不成?当然是卸在了工地上。

有了土石,就可以筑堤了。堤一筑成,良田在望,大湖在前。说起来,华信是在为钱唐百姓做大好事啊!

慢慢地，竹签换钱的事，大家也就不再提了。

可华信没忘，云娘没忘，鲁直也没忘。

四

这天，云娘带着丫鬟来到闹市区一家点心店，定做40个寿桃，要求后天早上送到家里。那时的寿桃相当于如今的生日蛋糕。店老板认得云娘，一脸讨好地猜测说："是不是华老爷四十大寿要到了？"云娘莫测高深地笑笑，没吱声。

店老板是位人精，当然明白这笑中的内容。云娘前脚刚走，他吩咐完伙计好生备料，后脚就出了门。他是急着去通知几个老板朋友去了：官员生日，乃是巴结的最佳时机。前一阵不是刚听说，某县有个属鼠的县令逢十大寿，曹吏们凑份子铸了只金鼠作为贺礼，县令大喜，立马告诉大家："明年恰巧是贱内的整寿，她比我小一岁，属牛。"

云娘派家人找来鲁直，让鲁直通知百姓于后天持竹签到家里来兑钱。

华信"生日"那天，宾客盈门。县里有头有脸的人物几乎都来了。在门前迎宾的华信，收红包收到手软。同时，"不世伟业""功不可没""开天辟地"等高帽子一顶接一顶飞来，让他应接不暇。云娘带着丫鬟、老仆，脚不点地地安排座次、吩咐茶水，井井有条。

晌午时分，红光满面、意气风发的华信，对客厅中、庭院里、围墙外的乡绅、富户、百姓们朗声说道："各位父老乡亲，钱唐的乡绅们都是好样的，他们知道修筑海塘是件大好事,但朝廷缺钱,于是,他们一个个慷慨解囊,有钱出钱,有物出物。现在,大家可以凭竹签领钱了。"

百姓们鼓掌叫好。乡绅富户们全都一脸懵圈。有人当场犯起嘀咕:不是说给华老爷生日贺寿吗?怎么忽然变成筑堤的赞助款了?

云娘理直气壮地问:"谁说今天是老爷生日?你们听谁说的?"她指着点心店老板,佯嗔道:"是你说的吗?"

面对同桌朋友齐刷刷质疑的目光,明白自己极可能是今天这场"闹剧"始作俑者的点心店老板,紧张得额头直冒细汗:拉仇恨也不是这种拉法的呀!急于洗白自

钱塘江边六和塔("浮屠矗立俯江流,暮色苍茫四望收。"——〔清〕林则徐《春暮偕许玉年、张仲甫诸君游理安寺、烟霞洞、虎跑泉、六和塔诸胜,每处各系一诗》)

己的他，说话都不利索了："没有没有，我哪里说过老爷过生日，我……我就是来送筑堤费的。"

乡绅富户纷纷顺坡下驴，点头附和，自己确定一定以及肯定，就是来送筑堤费的，就是来做公益的。

于是，一个皆大欢喜的戏剧性场面出现了：弱势群体农民工因为领到工钱而高兴，欢天喜地而去；乡绅富户们因为是捐钱给民生工程而不是给政府官员送生日礼金，坦然、开心；华信、云娘、鲁直几个更是为兑现了承诺而欣慰、兴奋不已。

"羊毛出在狗身上，让猪来买单。"现代营销的经典商业模式，探究其嚆矢，说不定可以追溯到家庭主妇云娘头上哩。①

五

从那以后，杭州历史上流传下来这样一则民谣："钱塘，钱塘，有钱塘未成，无钱成钱塘。"

结局这么美好，连韩剧都不敢这么编。

显然，故事有很大的演绎成分。有人甚至认为"千钱诳众"纯属无稽之谈：官府怎么可能拿公信力当儿戏？眼见你拿官府公信力开玩笑，而致朝廷陷入"塔西佗陷阱"之险境，上峰也会睁只眼闭只眼听之任之？

成书于南朝宋元嘉十三年（436）前后、作者为钱唐县令刘道真的《钱唐记》，这本历史上最早的杭州地方志，早已亡佚。幸好有关华信筑塘的这一段被北魏学者郦道元（约470—527）引用到了他的《水经注》里，才让我

① 赵福莲《杭州史上的筑塘第一人——华信》（《钱塘江史话》）。

杭州西湖（"山名天竺堆青黛，湖号钱塘泻绿油。"——〔唐〕白居易《答客问杭州》）

们得以从片言只语中一瞥华信孤独的背影：

>《钱唐记》曰：防海大塘在县东一里许。郡议曹华信家议立此塘，以防海水。始开，募有能致一斛土者，即与钱一千。旬月之间，来者云集，塘未成而不复取，于是载土石者，皆弃而去，塘以之成，故改名"钱塘"焉。①

而南朝梁人刘峻（462—521），在为志人小说名著《世说新语》作注时的一句征引，更加佐证了钱江海塘1.0版为富豪捐资修筑的可能性：

>《钱唐县记》曰："县近海，为潮漂没，县诸豪姓，敛钱雇人，辇土为塘，因以为名也。"②

① 〔北魏〕郦道元《浙江水》（《水经注》卷四十）。
② 〔南朝宋〕刘义庆《雅量第六》（《世说新语》卷中之上）。

史书记载，往往语焉不详。一个生平事迹甚至姓名籍贯、生卒年月都不可考的古人，究竟是如何克服重重困难第一次修筑起对西湖、对杭州都有巨大意义的防海大塘的，除了借助想象，我们别无他途。

还好，史书毕竟记下了华信，一个言而有信的人。

自然，这位西湖第一元勋，杭州人也从来没有忘记。

史学界认为，华信主持修筑的防海大塘，是我国见于文献记载的第一条海塘，也是世界上最早修筑的一条海塘。

舍生取义修北湖：
飘没宁忘潴泄功①

一

为了烧出传世瓷器，领头的窑工义无反顾地跳进熊熊燃烧的龙窑，把自己的身体当作最后一捆柴火。如此惨烈，不要说是真人真事，即便是故事，是传说，都让听者动容，让读者不忍卒读。

何况这人还是万民景仰的县太爷。

二

南湖泄洪岁久，堙塞严重。唐宝历元年（825），余杭县令归珧到任后，第一件事就是循南湖旧迹，浚湖修堤，恢复蓄泄之利。

归珧发现，对付三苕之水，光一个南湖还不能使余杭及苕溪下游地区免受洪涝之苦，于是创议新辟一湖。勘地形，察河道，选湖址……因选址在县城以北，所以此湖称为"北湖"。

北湖地势险要，南、北二苕环束东北，中苕横贯湖中，

---

① 〔清〕张思齐《浚南湖》（《灯影夜明安乐塔》）。

第二章 那些最初的情怀

余杭北湖（"苕溪发源自天目，一溪东之漾寒渌。"——〔宋〕文珦《过苕溪》）

天目万山之水由此过，脉如沟浍。中、南二苕直趋余杭汤湾渡，两水汇合，北行5里至瓶窑相公庙，北苕注之，为北、中、南三苕汇合之处，湖形三角巨浸，适当其冲。

南湖受南苕一溪之水，北湖受中、北二苕之水，所以北湖很大。1916年5月，浙江省第二测量队测量后报告：余杭北湖，土名"仇山草荡"，古称"天荒荡"；东至南苕溪之险塘，东南至西涵陡门，西北至漕桥，西至小横山，北至北苕溪之险塘，南至西山；周围60里有奇，面积53260亩，幅员辽阔，3倍于南湖。[1]

时隔南湖修筑650多年后，余杭大地上，又一次蚁聚起修建大型水利工程的大军，又一次响起劳作的号子。

三

北湖修好当年就遭遇了洪灾。

考验的时刻到了。

夏天，山洪暴发。从天目山万山千壑汇聚而来的浑浊洪水，气势汹汹，万马奔腾，咆哮着向北湖奔涌而来。湖堤如围栏，圈住了洪水狂野的步伐。洪水暴涨，四处撞击，寻找薄弱环节，要一举冲毁围墙，接着撒蹄狂奔。

果真发现了一处漏洞。

归珧早就带领县丞衙役等人日夜巡堤。在急促的锣声召唤下，附近百姓也主动上堤巡防。

原来手指粗的漏洞，转眼间就变得胳膊般大小。不断升高的水面，挤压着漏洞的水柱直直地往前喷射。

归珧如热锅上的蚂蚁，急得团团转。

漏洞已经碗口粗了。

老仆人说："让我去堵洞吧。"头一个跳下水。可是没有用，只不过水柱由直喷变成了弯喷，洞眼仍在不断扩大。

[1] 王庆《秋水漫碧湖》（《南湖史话》）。

归珧急得也要往水里跳。

公子扑通跪倒,紧紧抱住父亲:"我是儿子,让我代替父亲去吧。"站起身,来到漏水处,毫不犹豫地跳进湖中。

可还是不顶用。

夫人说:"我是皇封的孺人,我去吧!"归珧急忙去拉,却只拽住了袍袖。刺啦一声,袖子撕裂,夫人跌入水中。不想小姐喊了声"娘",紧跟着跳进浑水里。一个浊浪过来,眨眼间卷走了母女俩。

洞口已粗如水桶,眼看就要决堤。众人如鸟兽散,四下逃命。

面对无法逆转的险情,归珧反而冷静下来。就在堤坝溃决前一分钟,归珧从容地整整衣冠,仰首对天拱手,一声长呼:"愿苍天保佑我余杭百姓!"①

归珧冲到决口处,朝着滚滚洪流,纵身一跃。那一道决绝而悲壮的弧线,永远定格在了人们心头。

两岸乡绅百姓,齐刷刷跪倒在地。哭喊的,呼号的,磕头的,如丧考妣。

四

归珧疏浚南湖,开辟北湖,功莫大焉,史料关于归珧的记载却只有寥寥数十字。北湖湖堤初成,当年即毁于洪水。归珧面对滔滔洪水暗暗自责:"民遭此水溺,不能拯救,是某不职也。"②此后他更加发奋,再筑而就。

① 金耘《南湖天曹庙会》(《南湖风情》)。
② 〔明〕邹干《惠泽祠碑记》(《南湖胰文》第三章)。

却终因劳累过度而卒于任上。余杭人称之为"归县令誓死筑湖"。助夫操劳的归夫人也随之病逝。在余杭民间代代相传的县官一家以身堵洪的传说，极可能就因归珧而起。

为纪念这位好父母官，余杭百姓把北湖堤塘称作"归长官塘"。

花甲之年筑湘湖：
旱足分流达九乡①

一

北宋元祐八年（1093）冬天的第一场雪，比往年来得早了一些。

入冬以来的这场雪，苦了两个福建人：杨时（1053—1135）、游酢（1053—1123）。

宋代思想家们提倡革新儒学，开始注重性命义理的研究，理学（也称"道学"）应运而生。周敦颐（1017—1073）的"濂学"、程颢（1032—1085）和程颐（1033—1107）的"洛学"、张载（1020—1077）的"关学"成为理学的重要派别。杨时(号龟山)、游酢、谢良佐(1050—1103)、吕大临（1040—1092）四人为"程门四大弟子"。

纷纷扬扬的雪花从洛阳的天空飘落，很快就银装素裹了伊皋书院。杨时与从河清县（今河南孟津）到洛阳的游酢一起，前来请教程颐先生。推开馆门，见先生正坐在火炉旁的椅子上闭目小憩，以手支颐，睡着了。杨时轻轻拉上门，两人悄悄退出来，站在廊下恭候先生醒来。

①〔明〕魏骥《咏湘湖》（《魏骥集》第一部分）。

雪越下越大。两人双脚冻僵了，想跺跺脚取暖。刚想蹬地，担心吵醒先生，立即收脚。实在太冷了，两人便蹑手蹑脚地来回踱步。

冬日昼短，不觉已是薄暮。待程颐醒来发现两人时，地上积雪已一尺多深。

"程门立雪"，尊师典范，千古美谈。

二

来萧山任知县之前，杨时在浏阳、余杭两地当过知县。浏阳的水旱灾害给他留下了终生难忘的心痛。

杨时像

在他到任浏阳的第二年，即绍圣二年（1095），夏末秋初，浏阳出现了严重的旱灾。正在灌浆的稻子，因为干旱，整片整片枯黄。田地颗粒无收，农民纷纷外出逃荒。"农郊阡陌起黄尘，望断天涯绝点云。"①在天灾面前，杨时感到了作为一地父母官的无力。

绍圣四年（1097），浏阳又遇水灾，连降暴雨，河水猛涨，大片农田被淹，民房被冲毁，鸡鸭牛羊被冲走。刚受过旱灾不久的田地，又成了"水乡泽国"。

政和二年（1112）四月，60岁的杨时到任萧山知县。

三

沧海桑田。湘湖西北的白马湖、落星湖、詹家湖等原本是钱塘江水道，淤塞后，逐渐成为众多的沼泽湖泊。由于外侧即是钱塘江，江潮灾害频繁，所以开发较晚。唐五代以来，随着附近钱塘江海塘的完善，这一带开发加快，原来的沼泽湖泊也被围垦。这种大肆围垦一方面增加了耕地面积，另一方面却造成灌溉的紧张，不得不另找水源。

詹家湖就是一个典型例子。杭州人、南宋淳熙九年（1182）就任萧山知县的顾冲在《萧山水利事迹》中记载："夏孝、长兴二乡之间，民有詹姓者，有田六百亩，无水灌溉，岁率不熟，因聚族而谋曰：'弃百亩为湖，以溉五百亩，可乎？'其族乐然为之，于是湖成。"②

远古曾为海湾的湘湖区域，至宋代已成沼泽荒野，三面被若断若续的山丘拦截，是形似葫芦的狭长洼地。先民不断迁入，填湖成田，人烟渐稠。到杨时莅任时，环湖地区已出现水利设施匮乏、四周旱涝频仍、农田灌

① [宋]杨时《久旱》（《杨时集》卷四十二）。
② 蔡堂根《湘湖九乡寻水源》（《湘湖史话》第四章）。

溉困难的窘境。因湘湖区域地势较高，若废田成湖，即可自流灌溉周边夏孝、长兴、安养、新义、许贤、来苏、崇化、昭明、由化9个乡的农田，旱涝保收，一劳永逸。

其实，早在杨时之前，当地就多次动议修筑湘湖。熙宁年间（1068—1077），士绅殷庆等曾奏请废田为湖，留心水利的宋神宗（1048—1085）已经在奏折上签字同意。下到本县会议，"时富民多游移，不能画一，而令其地者又惮于任事，遂不决而罢"①。大观年间（1107—1110），又有县民奏请筑湖，仍未成。

画一下重点，筑湖困难有三：

要移民安置。唐朝以来，古湘湖逐渐湮废。唐朝末年，已是水面、沼泽、农田并存。北宋末年，居住在湘湖区域内的农户已经很多。移民安置问题，牵涉多方利益，稍有不慎，就会引发各种矛盾乃至群体性事件。

要淹没农田。沿湖居民有失田之痛，朝廷税收有失田之损。

要影响交通。居民往来原先可以直行径穿，湘湖一旦筑成，他们将隔湖相望。

杨时到任第三天，就下乡调研，考察民情，倾听民声。以民为重，以农立国，这些儒家之道鞭策着他日渐衰老的身体焕发出年轻的活力。杨时召集耆老、乡绅、富民，跟他一起辗转于群山之间，奔波于沼泽之畔，"视山之可依，度地之可圩，相与计议"②。

① 周易藻《湘湖原始》（《萧山湘湖志》卷一）。
② 蔡堂根《杨时与湘湖的兴建》（《湘湖史话》第四章）。

四

"不怕神一样的对手,就怕猪一样的队友。"这是遇见猪一样的队友的痛心。反过来说,如果遇见神一样的队友,该是团队领导多大的幸运!

杨时碰上了这样的幸运。这位神一样的队友,就是祖籍新安(今浙江淳安)、晚唐诗人方干(?—约888)的后代、萧山县尉方从礼(1070—1116)。方从礼做过信州(今江西上饶)玉山县尉,有"能吏"之称,时年43岁,年富力强,正是干工作的好年纪。①

熟悉水利工作的方从礼,早于杨时来萧山工作。多次踏勘、考察之后,他对筑湖的设想已经成竹在胸,只不过自己官微言轻,无能为力,如今花甲老人杨时要筑湖,他正可以大展身手。于是,他向杨时献上了自己准备成熟的新湖筹建方案。

杨时一看此锦囊妙计,拍案叫好。

由耆彦、乡绅、保长、甲长、里正等各方人士参加的湘湖筹建工作大会上,深思熟虑的方从礼,条分缕析,侃侃而谈,在大会上做主旨发言:

筑湖利弊。如筑湖,虽将淹废水田37002亩,9个乡受益农田却也达14多万亩,以3万多亩寡收之田为代价,旱涝保收14多万亩水田,实为便宜之事。再者,改田为湖,可以养鱼养虾,坐收养殖之利。还有,整个湖区地势较高,有"高埠"之称,雨季山洪自高处往周边下泄,必然会加剧周边地区的洪涝灾害,湖成则山洪得以治理。

---

① 周新华《筑湖的幕后功臣》(《湘湖记忆》第三章)。

杨时、方从礼像

移民安置。凡湖区迁移户,人随田走,补偿田在哪里,人口就安置在哪里。据统计,县里可以拨出官田24000亩,各受益乡可以调整出庙田、宗族公田13000亩,按数补偿搬迁农户。

均包湖米。借朝廷"方田均税法"政策,所淹湖田的赋粮原额,由受益农田均摊,每年如数上缴。如此,湖成而田赋不减。经核算,得水之田,每亩派七合五勺,谓之"均包湖米"。①

早几天前已经看过报告的杨时带头鼓掌,全场掌声雷动。

会议最后,杨时任命自己为新湖建设工程总指挥,掌控全局;方从礼为新湖建设工程总监官,负责工程

① 周易藻《湘湖原始》(《萧山湘湖志》卷一)。

施工。与会人员一致举手表决通过。

杨时当晚就在油灯下写了一份奏章，请求朝廷拨款。

第二天，城门口贴出了告示，号召百姓有钱出钱，有力出力，共襄盛举。

五

工程开工了。方从礼把施工现场安排得井井有条：平整湖区的土方工程，落实到各受益之乡；专门组织工程人员，测出湖区的平均高程，绘出具体的施工图纸，指挥各施工区按图施工；放水穴口的位置、标准，需要石块砌堤的地段，一一安排把头、监员，专人负责。

作为工程总指挥的杨时，看在眼里，喜在心上，感慨不已：相比于只会读书做学问的自己，方县尉才是真正为民办实事的能吏啊！如果没有他，自己一把老骨头，纵有万丈豪情，也是枉然。

筑湖的主要工程，是在山间缺口处筑起堤坝，并在堤坝上设立18个放水穴口，遇雨可闭，遇旱可启。同时制定了用水分配制度，每个霪穴都设置了一名塘长，巡视并保证它的正常工作状态。

所筑堤塘，分布在湖的西南和东北：西南堤塘在杨岐山与糠金山、石岩山与瓜藤山之间，长十余里，通称"十里长塘"；东北堤塘在西山与菊花山之间，长二里许，通称"柳塘"。

政和三年（1113）夏天，工程竣工，开始蓄水。入秋不久，面积达37000余亩的巨湖基本蓄满，差不多比

西湖大 5 倍，可溉田 146868 亩。

湖长约 19 里，宽 1—6 里，周长 82 里。

因为西南宽、东北窄，中间形似葫芦腰，后来人们习惯把西南湖面称为"上湘湖"，东北湖面称为"下湘湖"。

明代嘉靖三十三年（1554），家住湘湖北岸的中书舍人孙学思（1503—1589）集资在湖的葫芦腰处建起一座单孔石拱桥——跨湖桥，在桥的两端修筑了长长的湖堤，横贯湘湖，湘湖真正被一分为二：桥西南为上湘湖，桥东北为下湘湖。

萧山湘湖（"水能蓄潦容千涧，旱足分流达九乡。"——〔明〕魏骥《咏湘湖》）

六

晚风习习，暮鸦归林。夕阳洒金，波光粼粼。浩渺的湖面上，杨时与方从礼一起，载酒泛舟，共庆新湖水满。

跟方从礼讲述起当年浏阳"望天田"无水灌溉、水旱灾害时灾民靠野菜充饥、挎着"讨饭篮"外出逃荒的惨状，10多年过去了，记忆犹新的杨时，仍感慨万千。守着这么一个大湖，相当于守着一个巨型粮仓啊，今后，即便睡梦里，心都是安的。

湖面如镜，天光云影、黛山绿树倒映其中。泛舟湖上，宛如浮游天河。野鸭戏水，鹭鸟低飞，秋雁高翔。面对湖山胜景，杨时指点着，踌躇满志，踔厉风发，说："其实，如此一个大湖，除了大家都能见到眼前的灌溉养殖之利，我们更是给后人留下了风景之美啊！孟夫子说：'人事有代谢，往来成古今。江山留胜迹，我辈复登临。'你我今日可谓是'江山创新迹，我辈初登临'。"

孟浩然这首吊古伤今的诗，工科男方从礼也耳熟能详，于是便从头到尾背了一遍。想起李白那首《赠孟浩然》，暗暗感叹当年李白崇拜孟浩然，不正像今天自己尊崇杨知县一般吗？正是遇到了人老心不老的杨知县，自己才得以一展平生所学啊！感慨之余，不禁朗声背诵起来："吾爱孟夫子，风流天下闻。红颜弃轩冕，白首卧松云。……"

不胜酒力的杨时还在频频举杯，方从礼每次给他酒盅里斟酒时都有意少斟一些。

皓月高悬。上岸后两人沿湖信步徐行。夜已渐深，方从礼劝杨时回县衙歇息。酒已微醺的杨时豪气地摆摆手："不不不，难得如此清兴，老夫今夜要伴湖而眠。"

舟子也不放心。他扛上船桨，找了处位于向阳山坡、落满松针的树林，三人一起露宿湖畔。

星斗满天，月色如洗。三人躺在犹有白昼余温的山坡上，抬眼就能看到大湖，耳畔偶尔传来一两声放哨大雁的低鸣，都有醺醺然陶醉的感觉。

方从礼建议："如此良辰美景，岂可无诗？大人应该为新湖写首诗，以志纪念。"

躺在中间的杨时，呵呵一乐，轻轻拍了拍肚皮，自得地说："已在腹中矣。"

夜很静，静得能听见自己呼吸的声音，似乎还能闻到草木和树叶的呼吸。

第二天一回到县衙，杨时写下了湘湖的第一首诗：

> 平湖净无澜，天容水中焕。
> 浮舟跨云行，冉冉蹑星汉。
> 烟昏山光淡，桡动林鸦散。
> 夜深宿荒陂，独与雁为伴。①

七

群众盛赞杨时"利民及物，莫大之功"，在湖畔为杨时修起一座生祠，曰"杨长官祠"。许多人家挂起杨时画像，日日供奉。

岁久祠废。明天顺八年（1464）正月，萧山城厢镇人、原南京吏部尚书魏骥（1374—1471）参拜杨时祠，见祠庙破败不堪，倡议重修，"谋诸县令朱玉、县丞李孟淳，得湖东百步许废寺山麓，以复其祠"，由其儿子魏完（1403—1489）主持完成。

成化二年（1466），明宪宗赐额"德惠"，杨时祠改称"德惠祠"，有司春秋祭祀如仪。自此，对杨时的祭祀由民间祭祀变成官方祭典，影响更大了。

成化二年（1466）六月，绍兴知府彭谊（1410—1498）诣德惠祠祭谒，见原祠规模太小，决定扩建。

---

①〔宋〕杨时《新湖夜行》（《杨时集》卷三十八）。

成化三年（1467）六月，德惠祠扩建完成，"西向面湖，萧山带其南，驿道、运河经其北"，"恢弘壮丽，规制一新"。①

八

湘湖修筑之前，周边连年遭受旱灾。湘湖建成当年，当地就获得了大丰收。

湘湖的巨大效益是显而易见的。除了灌溉，养殖成了最简单而便捷的收益。萧山长河（今杭州市滨江区长河街道）文人、明末清初戏曲家来集之（1604—1682）曾自豪地作诗道："西陵道上人如蚁，罗刹江边浪似山。独有渔曾挂湖角，风风雨雨总安闲。"②

后来，湘湖物产丰富，有了"元宝湖"之称，谓湖中每日所产，可值一个元宝。清康熙年间（1662—1722），萧山本邑名儒蔡惟慧在《湘湖记》中记道："其地之所产，有竹，有柿，有桃李，有杨梅，有芰，有菱，有莼，有茶，有橙橘，有鲈鱼。鱼如松江鲈鱼，多且肥。故自陶以外皆樵与渔，则一日之所资生不下百金，一人之拮据足以供给。"③形象地阐述了"元宝湖"十足的含金量。

后世湘湖最著名的物产，一是莼菜，一是砖瓦。曾作为贡品的莼菜，尤为湘湖一绝。

家居山阴的陆游（1125—1210），每每经过萧山，总要尝一尝让古人起"莼鲈之思"的莼菜。兴致一起，或乘兴"小艇湘湖自采莼"，或"携友共采湘湖莼"，既赏了美景，又品了美食，可谓一举两得。

①〔明〕刘釪《德惠祠记》（《魏骥集》第三部分）
②〔明〕来集之《湘湖即事》（《萧山湘湖志》卷七）。
③〔清〕蔡惟慧《湘湖记》（《萧山湘湖志》卷五）。

明代文学家袁宏道食过湘湖莼菜之后，觉得"其叶香粹滑柔，略如鱼髓、蟹脂，而清轻远胜。半日而味变，一日而味尽，比之荔枝，尤觉娇脆矣……唯花中之兰，果中之杨梅，可异类作配耳"①。

清康熙皇帝（1654—1722）南巡浙江时，有感于莼羹之味美，特意撰写了一篇《莼赋》，足见湘湖莼菜如《齐民要术》中所说"芼羹之菜，莼为第一"之魅力。

莼菜往往是春天采摘，但湘湖莼菜春、秋两季均可采撷。萧山藏书家王端履（1776—？）的《重论文斋笔录》记载："莼菜春时嫩芽极为甘滑，生熟俱可食。至秋新芽重发，土人无食之者，始转贩吴郡，群夸异味耳。"②

家乡有如此风物，萧山本地文人自然要热情歌咏。比如，**魏骥**有"荇带荷盘从取市，莼茎芡实任求尝"③这样的味蕾快乐，蔡仲光（1609—1685）有"一夜秋风起，满湖莼菜香"④这样的嗅觉欢喜，毛万龄（1642—1685）有"俎豆不离莼荇洁，黍苗时带芰荷香"⑤这样的精神满足，等等，不胜枚举。

来集之、毛奇龄(1623—1716)、单隆周均作有《湘湖采莼歌》。来集之有句云："参差采撷碧天宽，玉釜温温满滴残。"⑥毛奇龄有句云："画竿十尺挑碧丝，香莼宛转生华滋。"⑦单隆周有句云："朦胧白雾花如烟，莼丝细细摇空绿。"⑧……一个个对湘湖莼菜不吝赞美。

九

说到湘湖风光，那就更是后人津津乐道的话题了。

薄暮时分，杨时登上望湖楼，奔涌到他面前的，是"湖

---

①〔明〕袁宏道《湘湖》（《袁宏道集笺校》卷十）。
②〔清〕王端履《重论文斋笔录》卷三。
③〔明〕魏骥《咏湘湖》（《魏骥集》第一部分）。
④〔清〕蔡仲光《采莼》（《湘湖诗词》）。
⑤〔清〕毛万龄《过杨魏二公德惠祠》（《湘湖诗词》）。
⑥〔明〕来集之《湘湖采莼歌》（《湘湖诗词》）。
⑦〔清〕毛奇龄《湘湖采莼歌》（《湘湖诗词》）。
⑧〔清〕单隆周《湘湖采莼歌》（《湘湖物产》）。

光写出千峰秀,天影融成十里秋"①的壮观。

元代萧山人张招题咏萧山,说"野平山对东西蜀,路直湖连上下湘"②,湘湖俨然已成为萧山山水风光的头牌。

明代萧山人任澂秋游湘湖时,呈现在他眼前的,是"白鸟双飞金镜中,青山倒浸冰壶里"③的明净。

清代萧山人黄元寿眼里的黄昏湘湖,"鹭鸶飞起蓼花湾,万顷琉璃夕照殷"④,动静相宜,一派祥和。

从湘湖中采得荷花、夜里与荷花相对而眠的清代萧山人包启祯,是循着花香找到荷花的:"香连细草藏深浦,影动晴波棹画船。"⑤

湘湖风光,蔡惟慧在其《湘湖记》中描述得颇为细致:"其地在城之西,夹于两山之中,蜿蜒环绕。""其山之在西北者,控钱塘大江;山之在东南者,溯临南门江。""傍城郭,依山海,藏名胜,永真璞,在非尘非僻之间。""茫然万顷中,有数小山,浮沉若蓬岛。""上湘湖曲而长,下湘湖开且荡。""春夏之交,涯之草、山之木、野之花,畅茂浓丽。其往来刍牧牛羊,俱有花香气。"……⑥山明水秀,草木芬芳,显得十分迷人。

明清以来,湘湖以其优美的自然风光和深厚的文化底蕴,逐渐形成"湘湖八景"之说。清乾隆年间(1736—1795)出版的《萧山湘湖孙氏宗谱》,备录了"龙井双涌""跨湖春涨""水漾鸣蛙""湘湖秋月""尖峰积雪""越城晚钟""柴岭樵歌""湖中落雁"等八景。⑦随着时代变迁,八景内容也在不断改变。1989年出版的《萧山城厢镇志》收录的八景则是"城山怀古""览亭眺远""光

---

① 〔宋〕杨时《望湖楼晚眺》(《杨时集》卷四十一)。
② 〔元〕张招《萧山四咏》(《湘湖诗词》)。
③ 〔明〕任澂《题萧山八景图送曾明府》(《湘湖诗词》)。
④ 〔清〕黄元寿《湘湖云影》(《萧山湘湖志》卷七)。
⑤ 〔清〕包启祯《从湖中携得荷花归》(《萧山湘湖志》卷七)。
⑥ 〔清〕蔡惟慧《湘湖记》(《萧山湘湖志》卷五)。
⑦ 王炜常《湘湖八景——老八景》(《历史文化名湖——湘湖》第三辑)。

照晨曦""跨湖夜月""杨岐钟声""横塘棹歌""湖心云影""山脚窑烟"。①

至于"萧山八景""萧山十景"中总少不了"湘湖秋水""湘湖云影"等有关湘湖的景目,那就更在意料之中了。

① 王炜常《湘湖八景——新八景》(《历史文化名湖——湘湖》第三辑)。

第三章

湖山有幸名人扬

超级迷弟西湖情：
一半勾留是此湖

一

西湖边的一树梅花开了。

兴冲冲地来到郡衙向白居易报告这一花事的，是落第秀才薛景文。

唐长庆二年（822）冬日，白居易到杭州做刺史的第一个冬天。凛冽的北风从空旷的湖面上刮过来，让人不由得紧了紧长袍。

这天刚好是休沐日。白居易让秘书派人牵出自己的白马，一趟趟地把协律郎萧悦、殷尧藩（780—855）他们几人聚集到孤山梅树下。

秘书对花会这样的雅事张罗驾轻就熟：足足百米长的红地毯，立即让衣着艳丽、骑马而来的歌妓们找到了明星出场的感觉，一个个兴奋得笑靥如花；可折叠的三五张小方桌一溜摆开，桌上文房四宝一样不少；红泥小火炉上温着的"梨花春"黄酒，渐渐散发出醇酽的酒香。

欢快地在树底下跑来跑去的阿罗，眼睛时不时偷偷瞟向桌上的几笸箩果品，有一两样是冬日里在长安也难得一见的水果。

二

隋开皇九年（589），隋灭陈，废除钱唐郡，设置杭州，州治设在余杭县。开皇十年（590），州治从余杭迁到钱唐，次年又移州治到凤凰山麓的柳浦。杨素（？—606）依山筑城，"周围三十六里九十步"。大业三年（607），改杭州为余杭郡，辖钱唐、富阳、余杭、於潜、盐官、武康 6 个县，杭州开始迅速发展。[1]唐代初年，杭州的户口已经超过 10 万。唐代中期，人口近 60 万。[2]

杭州的繁荣开始于唐代。唐代的杭州，从政治、经济、文化诸方面考察，都处于承先启后的地步。

白居易以前，杭州出现了许多享有令名的刺史，如宋璟（663—737）、袁仁敬、刘晏（718—780）、崔涣（？—768）、李泌（722—789）等，都对杭州城市建设和文化发展有所建树。景龙四年（710），杭州"沙岸北涨，地势平坦，桑麻植焉"，杭州司马李珣始开沙河，使城东"水陆成焉"，城市获得了良好的发展空间。兴元元年（784），杭州刺史李泌开凿六井，引西湖水入城，免除了市民饮用咸水之苦，解决了杭州百姓"饮水难"这一头等民生难题。

自唐开始的西湖人工改造和建设，是大量自然湖泊，如临平湖、铜鉴湖等日渐湮废，而西湖得以独存的重要原因，而这也利于日后逐渐从根本上改变杭州城市的政治、经济地位。[3]

[1]《隋唐时期杭州大事记》（公元 589—907 年）（《隋唐名郡杭州》）。
[2] 施光明《井邑日富 百万生聚——隋唐时期杭州的人口》（《隋唐名郡杭州》）。
[3] 阙维民《路溢新城市 农开旧废田——唐代杭州的地理环境及其变迁》（《隋唐名郡杭州》）。

梅花（"三年闲闷在余杭，曾为梅花醉几场。"——〔唐〕白居易《忆杭州梅花，因叙旧游，寄萧协律》）

牵着阿罗的小手走下官船的白居易，其实并没有考虑那么多。少年时代到过苏、杭的他曾想"异日苏、杭，苟获一郡，足矣"，如今美梦成真。杭州城边有个湖，湖三周都是山，凭直觉就知道自己大可"且向钱塘湖上去，冷吟闲醉二三年"，这对于"雅好跻攀"的他来说，已经足够。

更不用说西湖边还有万紫千红、种类繁多的树和花了。

白居易40岁那年，元和六年（811）四月三日①，57岁的母亲陈氏因看花失足坠井而亡。②有母爱花若此，白居易对花草树木的荣枯也是特别敏感。江南这人间花柳繁盛之地，四季分明的环境孕育出的嘉木名卉，时不时给长期生活在北方的他以惊喜。《紫阳花》《戏题木兰花》

①〔唐〕白居易《太原白氏家状二道》（《白居易文集校注》卷十）。
②〔宋〕钱易《南部新书甲》（《南部新书》）。

《木芙蓉花下招客饮》《陈家紫藤花下赠周判官》《题孤山寺山石榴花示诸僧众》《题灵隐寺红辛夷花戏酬光上人》……不必读诗，光看看诗题，人们就能感到花枝在摇曳，嗅到花香扑面来。

出任杭州时已是"鬓发三分白，交亲一半无"的白居易，历经仕途坎坷，不时就会生发"闷闷"之感，即便面对梅花绽放的良辰美景，也是如此。

薛景文写就了一首咏梅诗，毕恭毕敬地呈到正沉浸在对母亲的无尽思念里的白居易面前："请大人批评指正。"

白居易一愣神，忙起身伸双手接过诗稿。

三

挟着初唐朝气来到杭州的宋之问，在灵隐寺看到的是"楼观沧海日，门对浙江潮"。挟着盛唐气象来到杭州的李白，在天竺寺感受到的是"天竺森在眼，松风飒惊秋"。焕发他们诗情的，不是西湖，是激荡的钱江潮水，是幽绝的灵隐山色。

就在眼前的西湖，湖面比现在大得多的西湖，大唐诗坛的大咖们，为何一个个都视而不见了呢？在写惯了大漠戈壁、河流山川的诗人们眼里，西湖为何没有一点点存在感呢？

原来，唐代从柳浦到西湖的路有三条：一条翻过万松岭走今南山路一线；一条翻过慈云岭到长桥；一条是主通道，从凤凰山郡衙往西经过乌龟山、天龙寺南到莲花峰，到赤山埠，沿花家山、三台山到大麦岭一带，再分两支,往西过吉庆山达灵隐,往东过茅家埠、黄泥岭、耿家埠,沿栖霞岭山脚达孤山。①

如同当今许多景区经过经验总结后都会在最佳观景点设置观景台一个道理,西湖适宜从东往西看。慧眼独具的白居易,在后世广为传诵的《钱塘湖春行》第一句——"孤山寺北贾亭西"中,就十分贴心地给人们指出了西湖最佳观景点:孤山寺之北,贾公亭之西。从这个位置看西湖,西湖"水面初平云脚低"的最佳效果才呈现在世人面前,西湖"乱峰围绕水平铺"的审美特征才展露无遗。

现在人们进入西湖,一般是从东往西,过断桥,沿白堤、苏堤一路前行,湖光、山色,碧水盈盈,青山如

西湖霞光("孤山寺北贾亭西,水面初平云脚低。"——〔唐〕白居易《钱塘湖春行》)

① 陈文锦《白居易西湖诗全璧》。

黛,尽在眼前。而唐代的西湖,东岸线还未成形,也远非现在的位置。白居易之前的诗人们,从凤凰山往西沿着山路来到灵隐,从西往东看,西湖是白茫茫一片水面,普普通通,与任何大一点的湖漾毫无二致,自然也就激不起见惯了名山大川的诗人们的审美热情。诗人们潦草地瞥过几眼后,就急匆匆前往钱江观潮去了。①

所以,在来到杭州几个月后,长庆三年(823)春日的一个清晨,旭日初升,白居易登上凤凰山上的望海楼,顺着朝阳眺望西湖,情不自禁地为"谁开湖寺西南路"而惊喜。

"草绿裙腰一带斜"的湖寺西南路,就是经耿家埠,沿栖霞岭山脚达孤山的新堤,刚修不久,是从城市通往西湖的一条新路。从郡衙经赤山埠到孤山,当天就可以返程。

这条新路的开辟,为人们进入西湖核心区块创造了必要条件,使杭州从钱塘江时代走进了西湖时代。②一条新路对一个城市发展的重要意义,凭着地方长官的敏感,白居易已经敏锐地感觉到了。他顺应这一城市发展趋势,由此开始了对西湖的擘画和经营。

对于观景点的选择,白居易有着丰富的经验。在杭州任刺史的第一个冬天,花楼望雪,"连天际海白皑皑,好上高楼望一回",登高方能望远。第二年初夏枇杷成熟季节,西湖晚归,回望孤山寺,"到岸请君回首望,蓬莱宫在海中央"。位置的更新带来视角的变化,视角的变化带来观感的不同。夏日傍晚,江楼夕望,"海天东望夕茫茫,山势川形阔复长",一句话就概括出了杭州城市的气势。

①②陈文锦《白居易西湖诗全璧》。

而此时的白居易，正坐在梅树下，认真品读薛秀才的咏梅诗作。评点的时候，萧悦、殷尧藩、卢贾、刘方舆、周元范、崔求几个文人，沈平、谢好、商玲珑、陈宠几个歌妓，全都围拢过来，恭谨地聆听帝国文坛大咖的现场文艺评论。落魄文人咏梅文字背后的爱与哀愁，文章太守一下子就捕捉到了。明白晓畅、条分缕析的讲解，等于一堂生动有趣的写作课。孤山，成了四面环水的讲台；西湖，就是天然开放的大课堂。

文人雅士赏花聚会，相互酬唱自然少不了。白居易饮了几杯梨花春后，和了薛景文一首（《和薛秀才寻梅花同饮见赠》），充满期待地说："若到岁寒无雨雪，犹应醉得两三回。"

捧着心中大神级偶像墨迹未干的诗作，薛景文激动得双手微微颤抖。一句涌到喉咙口的感激，却出于文人的矜持，喉结一滑，生生咽了回去。

四

就在孤山赏梅前的几天，一件事深深触动了履新还不到两个月的白居易。

那是长庆二年（822）十一月的一个雪天，白居易发现当值的协律郎萧悦和殷尧藩两人衣衫单薄，围着火塘烤火还是被冻得瑟瑟发抖。白居易悄悄走开，来到住处，让妻子杨氏翻出他的两件皮袄，双手捧着，亲自一一给他俩披上。面对两人一脸的感激涕零，白市长赶紧摆摆手，逃也似的离去，脚步竟是从政以来未曾有过的凌乱。

"江南列郡，余杭为大"，杭州号称帝国蕃庶之区，有正式编制、捧着铁饭碗的公务员温饱尚且如此，黎民

圣塘闸亭

百姓的日子可想而知。视民如伤的白居易，一下子整个人都不好了。那一个雪夜，心情沉重的他辗转反侧，久久未能入眠。

而入夏后持续的干旱，更打了白居易一个措手不及。

当时的西湖还叫"钱塘湖"，又名"上湖"，周回30里。距离上湖不远的东北面，有一个"下湖"。

下湖源出于上湖，一自玉壶水口流出，一自水磨头石函桥闸流出，①规模与上湖相仿。钱塘门外，即今望湖楼东、保俶路口，杭州刺史李泌建石函桥，有水闸，可以泄上湖水以入下湖，②沿东西马塍、羊角埂，至归锦桥，共4派。

① 〔宋〕吴自牧《下湖》(《梦粱录》卷十二)。
② 〔宋〕周密《湖山胜概》(《武林旧事》卷五)。

"汉唐之交，杭州城市未广，东北两隅，皆为斥卤，江水所经。"经过湖水的不断淡化，到苏轼当杭州市长时，下湖已经适合种植水产作物，"下湖数十里，茭菱禾麦，仰赖不赀"，不说是聚宝盆吧，每年也是收获颇丰。①

下湖当以湿地风貌为主，风光与西湖不能媲美，但在南宋女作家朱淑真（约1135—约1180）看来，下湖"清波碧漾浸春空，邃馆清寒柳曳风。隔岸谁家修竹外，杏花斜袅一枝红"②，碧波荡漾，春意融融，清寥迷人。

上湖、下湖共同构成了周边拱墅、半山乃至下游临平、海宁一带数十万亩农田的灌溉水源，又是京杭大运河杭州段的主要补给水源，经济意义十分重大。

五

西湖虽已有旧堤，但堤太低，且年久失修，一逢天旱，蓄水不足，难以灌溉，一遇大雨，湖水横流，难以蓄存。白居易经过实地考察与周密调查之后，决定在旧堤基础上，重修一条捍湖大堤。堤的位置，大致在今宝石山东麓向东北延伸至武林门一带。

白居易主持修建的这条堤，主要是防止西湖水没有障碍地流向下湖，可以解决无节制出水和需要用水时水量不足的问题，其作用相当于梯级堤坝，并可有效地保护钱塘县的建成区。③

据当地经验，"自钱唐至盐官界，应溉夹官河田，须放湖入河，从河入田"。西湖放水溉田，"每减一寸，可溉十五余顷；每一复时，可溉五十余顷。大抵此州春多雨，夏秋多旱。若堤防如法，蓄泄及时，即濒湖千余顷田，无凶年矣"。④除了疏浚六井外，捍湖大堤就是白

①〔明〕田汝成《西湖总叙》（《西湖游览志》卷一）。
②〔宋〕朱淑真《下湖即事》（《朱淑真集注》前集卷八）。
③陈文锦《导论 白居易与西湖》（《白居易西湖诗全璧》）。
④〔唐〕白居易《钱唐湖石记》（《白居易文集校注》卷三十一）。

傲雪红梅（"伍相庙边繁似雪，孤山园里丽如妆。"——〔唐〕白居易《忆杭州梅花，因叙旧游，寄萧协律》）

居易任上最重要的富民工程了。

长庆三年（823）出梅后，杭州天天艳阳高照。长时间的干旱，让白居易这位杭州刺史不得不低头弯腰，上吴山祷伍相神、祈城隍神，登皋亭山拜皋亭神，到黑龙潭祭黑龙神。衣冠齐整，顶骄阳，冒酷暑，辛辛苦苦一圈马屁拍下来，结果，神祇一个个都不在线，雨点滴未下。

不过，这一场旱灾让白居易更加认识到了修堤的重要性。

因为一切安排妥当，工程进展十分顺利。作为工程总指挥的他，"心闲事亦稀"，乃至可以"尽日湖亭卧"。凉爽的秋风从宽阔的钱塘江面上吹来，秋雨即将登场，持续多月的干旱即将走到尽头。"柳堤行不厌，沙软絮霏霏"，柳堤沙软，芦花絮飞，灾难渐去的欣慰，新堤将成的喜悦，溢于言表。

长庆四年（824）正月，白居易与一帮文人骑马载酒前往旧地赏梅。走红地毯，花前歌舞，梅下饮酒、写诗、联句、酬唱，热闹依旧，风雅依旧。然而，遗憾的是，同行中少了一个薛秀才。就在不久前，薛秀才病逝了。

忆起去年薛秀才来到郡衙爬上一级级台阶兴抖抖地向自己报告花事的情景，如今，"樽前百事皆依旧"，搜遍人群，却是"点检惟无薛秀才"了，白居易十分感伤。"年年只是人空老，处处何曾花不开？"酒入愁肠，全化作了滴滴哀思泪。

六

向来主张"文章合为时而著，歌诗合为事而作"的文章太守白居易，动不动就写首赞美西湖的诗，写首修堤的诗，发到朋友圈，让圈友们点赞、评论。

譬如，他刚到杭州履新，圈友钱徽（755—829）在湖州任刺史，李谅在苏州任刺史。钱、李十分高兴，发圈说，你来杭州，我们三地离得近，好事呀！其实，朝廷担心地方搞"串联"，严厉规定地方主要领导不得擅自离开驻地。所以，大家离得近又怎样？白居易一句"谩道风烟接，何曾笑语同"，钱、李顿时哑了火。这还不够，白居易得理不饶人，笑湖州"霅溪殊冷僻"，嫌苏州"茂苑太繁雄"。钱，你太闲；李，你太忙；看我，"唯此钱塘郡，闲忙恰得中"。

"余杭形胜四方无，州傍青山县枕湖"，把杭州夸成了一枝花，把西湖夸成了一只大花篮、一个大盆景，发圈，求转发，是白居易在杭州三年最乐此不疲的事。

"在郡六百日，入山十二回。"说是三年，从长庆二年（822）十月到任，至长庆四年（824）五月离任，前

柳浪闻莺（"几处早莺争暖树，谁家新燕啄春泥？"——〔唐〕白居易《钱塘湖春行》）

后加起来实际上也就20个月。但就是这短短的20个月，白居易迎来了他创作的丰收期。75年人生的诗人，存世诗歌2800余首，在杭州创作了140多首，差不多是4天1首诗，加上此前此后写的与杭州和杭州人士有关的，总数在200首左右。这些诗，从山川形胜到城市风貌，从民生民俗到景点特色，无所不包，无所不及。白居易无疑是全面解读杭州、解读西湖第一人。①

激发诗人创作热情的，是西湖那藏在深闺的隐秘之美。发现秘境之趣，让年过半百的男人"跻攀有次第，赏玩无昏早"，焕发出了寻幽探奇的少年好胜心。

"湖上春来似画图，乱峰围绕水平铺。"阳刚之气，

① 陈文锦《白居易》（《西湖一千年——中国传统文化的经典之作》第三章）。

绕郭荷花三十里

阴柔之美,山水相映,成就西湖完美组合。"几处早莺争暖树,谁家新燕啄春泥?"生命的律动,烟火的味道,让杭州与西湖处处充满了朝阳般蓬勃的生机。

"乱花渐欲迷人眼,浅草才能没马蹄。"西湖的春天是如此生机盎然。"风吹古木晴天雨,月照平沙夏夜霜。"西湖的夏夜是如此清幽凉爽。

"慢牵好向湖心去,恰似菱花镜上行。"在波平如镜的水面上坐船游湖,轻松惬意,让人产生徐入仙境的幻觉。"烟波淡荡摇空碧,楼殿参差倚夕阳。"雾霭苍茫的湖面,在夕阳余晖中,有种如梦似幻的不真实感。

白居易将手中的毛笔当作了喜秤,时时宛如洞房花

松排山面千重翠

烛夜，调动起一个新郎对一个新娘所有的新鲜、好奇与期冀，慢慢地，一点点地，挑起蒙在西湖这个新人头上的神秘红盖头。

当然，作为史上著名的杭州市市长，不能光会吟风弄月、文采风流，而是首先要关心民瘼，为民办实事。民瘼、实事，一直都在白居易心里装着呢。农业农村工作如何？答曰："碧毯线头抽早稻，青罗裙带展新蒲。"文化建设工作如何？答曰："教得霓裳一曲成""唯化州民解咏诗"。杭州城市绿化如何？答曰："拂城松树一千株。"西湖目前多大？答曰："绕郭荷花三十里。"西湖建设如何？答曰："十里沙堤明月中。"西湖美化如何？答曰："柳湖松岛莲花寺。"西湖周边诸山植被如何？答曰：

"松排山面千重翠。"串起来读，就是白市长在"两会"上做的一份全面的"政府工作报告"。

中国古代诗歌对美的载体的吟唱，往往和现实生活脱离开来。而白居易的诗歌，充满了民风民俗、市井生活的烟火气息，与魏晋以来一直到盛唐的那种孤立、静态写景形成鲜明对照。西湖紧挨城市的人间情怀，"水不广而多分割，山不高而多逶迤"的和谐、婉约、秀丽的美学特征，十分契合儒家中庸之道的美学理念，点燃了"诗魔"白居易的狂热诗情，让其创作如鱼得水。

"山名天竺堆青黛，湖号钱塘泻绿油。""最爱湖东行不足，绿杨阴里白沙堤。""谁教冷泉水，送我下山来。"……白居易不仅写出了杭州之景、西湖之美，同时融入了个人的心境，抒发了个人的情感。白氏西湖诗，涉及面之广，形象之生动，语言之晓畅，无人能出其右，达到了有唐一代所未有的广度和深度。白居易是从文学和美学的角度来认识西湖的第一人。200首诗歌唱响了赞美西湖的第一乐章，奠定了西湖作为风景湖泊的地位。①

白氏西湖诗的热心读者，如当时与王建（约767—约830）齐名、世称"张王"的水部员外郎张籍（约767—约830），与白居易合称"刘白"、有"诗豪"之称的刘禹锡（772—842），与白居易并称"元白"、一度拜相的元稹（779—831），纷纷为西湖扬名海内推波助澜。

一众大咖站台，天生丽质的西湖C位出道。

如果说，华信筑塘，是画出了西湖之形；那么，白居易咏湖，是赋予了西湖之神。

① 陈文锦《西湖文化的形成》（《发现西湖——论西湖的世界遗产价值》第三章）。

形神兼备，方成西湖大美。

七

炎热的干旱中，元稹的一封来信，如秋霖般抚慰了白居易焦渴已久的心田。元稹在信中说，自己将履新越州刺史、浙东观察使之职，届时会路过杭州，和他一晤。

元稹要来杭州的消息不胫而走。跟着白居易一起激动的，还有杭州的广大人民群众。

元稹抵达这天，杭州万人空巷，市民走上街头，争相围观。白居易以为他们是想一睹前宰相的风采，一问，却不是："非欲观宰相，盖欲观曩所闻之元白耳！"——原来，经过多年打磨，"元白"组合早已成为大唐诗坛的传奇佳话。①

长庆三年（823）十月，阔别两年的元稹与白居易相会于杭州。"杭越风光诗酒主，相看更合与何人？"心心相印的两人形影不离，日日把酒言欢、诗词唱和，夜夜抵足而眠、连床夜话。

三四天后，带着丝丝惆怅，留恋白居易、留恋杭州的元稹，不得不起身赴任。白居易一直送到钱塘江边，目送官船载着元稹渐行渐远，犹自依依不舍。

越州是人文荟萃之地，大禹、勾践的历史功绩有口皆碑，王羲之、谢安的风流佳话代代相传。元稹一到越州，在烟波浩渺的鉴湖泛舟之后，想起白居易拿来招待自己的西湖，当即提笔夸耀道："州城回绕拂云堆，镜水稽山满眼来。"

① 〔宋〕阮阅《咏物门》（《诗话总龟》前集卷二十）。

白居易见老友遭贬谪后仍能心情大好，自然替他高兴。老弟你只不过是大漠风沙看久了，一见小桥流水、兰亭烟景就瞎激动，哥理解你。你那点小心思，我哪会不清楚："知君暗数江南郡，除却余杭尽不如。"

元白两人情同手足，亲密无间。你夸杭州夸得起劲，想为杭州争头把交椅，我就损你一下，看你怎么回应。于是元稹调侃道："为问西州罗刹岸，涛头冲突近何如？"

这种挑刺自然难不住白居易。他答道："嵌空石面标罗刹，压捺潮头敌子胥。"想想，江南的风景，越州跟杭州比，虽不遑多让，若真要搞个浙江风景排名榜，你越州之美还是在我杭州之后，不得不屈居老二："可怜风景浙东西，先数余杭次会稽。禹庙未胜天竺寺，钱湖不羡若耶溪。"

加入他们唱和的，还有湖州刺史崔玄亮（768—833）。元稹于长庆三年（823）十月上任越州，崔玄亮十一月上任湖州。三人本是同科出身，现在三人郡治相连，大家都觉得十分庆幸。三位好友频相酬唱，往来诗作后来结集为《三州唱和集》，成为中唐文坛一大盛事。

这样的顶级圈层，苏州刺史李谅当然也不会错过。

你想既当运动员又当裁判员，把杭州排第一，我第一个不服。元稹抡圆了如椽巨笔，一棍子扫过去，"会稽天下本无俦，任取苏杭作辈流""石缘类鬼名罗刹，寺为因坟号虎丘"，苏州不幸躺枪。对此，李谅只能呵呵了。

又是一个新年的开始。长庆四年（824）正月初一，李谅发圈，给元白打圆场："书札每来同笑语，篇章时到借光辉。……未知今日情何似？应与幽人事有违。"

至此，这场持续数月的杭州与越州、西湖与鉴湖的排名之战，总算偃旗息鼓，告一段落。

八

从前，从前的从前，什么都慢。人们一生只来得及做一件事，一生只来得及爱一个人。慢生活的年代，想快，就得托付于马。几个人以竹筒贮诗邮递，称为"诗筒"①。身背诗筒的年轻邮差，策马扬鞭，意气风发，驰骋在钱塘江南北两岸辽阔的平原上，展现了远比"一骑红尘妃子笑"更像唐朝的风采，矫健的背影，引领后人进入那个令人心驰神往的诗歌时代。

白居易的诗歌平易通俗、易于上口，传播速度甚至超过了马的速度。"未容寄与微之去，已被人传到越州"，这绝非白居易在王婆卖瓜，而是事实。

一天，元稹在越州平水的村校里，看到几个孩子在背诗。问背的什么诗，孩子们回答："先生教我们读白乐天的诗。"见元稹一脸疑惑，有机灵的孩子跑进教室拿出自己刚刚临摹的诗歌。正在给白居易编辑《白氏长庆集》的元稹，一看孩子们稚嫩的字迹，直纳闷：哥们，你这首诗我怎么没印象啊？隔天，他收到了白居易寄来的诗筒，打开一看，墨迹新干的诗，正是昨日自己在村校所见的那首。白氏新诗一出，阅读量往往短时间内就冲破10万，传播如此神速，让元稹钦嗟不已。

爱之切则"刺之身"。就像有的年轻人喜欢将恋人的名字文在自己身上一样，白诗人的骨灰级诗迷、荆州人葛清，"自颈以下，遍刺白居易舍人诗"，总共刻了30余首，有的还配了图，图文并茂，体无完肤，时人称其为"白舍人行诗图"。②

①〔宋〕蔡正孙《元白总话》（《诗林广记》前集卷十）。
②〔唐〕段成式《黥》（《酉阳杂俎》前集卷八）。

"身体发肤，受之父母，不敢毁伤，孝之始也。"[1]不要说在封建社会，即便放在今天，葛诗迷追星行为之疯狂，也已到了惊世骇俗的地步。

自然的，这行诗图少不了有关西湖的诸多佳句美篇。虽说葛诗迷"版面"十分紧张，但从西湖诗所占白氏诗比例以及西湖诗的优美程度来看，就算不上头版头条吧，葛诗迷为白舍人的西湖诗开辟"专版"，则几乎是可以肯定的。

正是得益于白诗"春风又绿江南岸"一般广泛而快速的传播，名不见经传的西湖，完成了从自然湖泊到风景湖泊的华丽转身。一个令人惊艳的风景湖泊横空出世。

白居易对西湖最大的贡献在于，他在硬件和软件两个方面都极大地推动了西湖的发展，是第一个发现西湖之美并把它和儒家的审美理想、审美趣味相联系的人。[2]

九

宝历元年（825）正月，洛阳的梅花开了。想起在杭州时，自己曾为梅花醉过几场，往事历历在目。而继薛景文之后，刘方舆也英年早逝了。萧协律萧悦在信中还说，歌妓沈平、谢好已经离开杭州，去一线城市发展了。"薛刘相次埋新陇，沈谢双飞出故乡。"曾经的歌伴酒徒，或者凋零，或者迁徙。如今，能抚慰自己对西湖的思念的，只剩下"伍相庙边繁似雪，孤山园里丽如妆"的梅花了。

这年五月五日，白居易到任苏州刺史。冬日，梅开时节，苏州富商为文章太守组织了赏梅雅会，白居易穿着一件旧袍子就去了。

[1]〔唐〕李隆基、〔宋〕邢昺《孝经注疏》。
[2]陈文锦《白居易》（《西湖一千年——中国传统文化的经典之作》第三章）。

惜别白公群雕("未能抛得杭州去,一半勾留是此湖。"——〔唐〕白居易《春题湖上》)

苏州园林里的梅花,与杭州西湖边的梅花,并没有什么两样。雅会安排,与在杭州时相比,场面更隆重,铺排更奢华。

被红裙笙歌簇拥着的白居易,面对一张张奉承相迎的陌生笑脸,反而感到了几丝寂寞。一低头,发现一处"襟上杭州旧酒痕",抬起来凑近鼻子闻闻,似乎依稀还能嗅到梨花春的酒香、西湖边的梅香。都说"衣不如新,人不如故",看来也不完全准确。想起这件衣服曾经陪伴自己在西湖边度过了三年的浪漫时光,今后又怎么忍心寡恩似的把它抛弃在箱子里呢。有机会还是多穿穿吧。

十

西湖边的梅,开了,又谢了。西湖里的水,浅了,又满了。寒来暑往,乌飞兔走,一千多年,就这么风一般吹过去了。

千年之前,西湖超级迷弟——白居易,用一颗善感、灵动的诗心拥抱梅花,拥抱西湖。千年之后,西湖里的盈盈碧波,仍在日日滋养着这个名字;西湖边的朵朵梅花,仍在年年为这个名字吐露芬芳。

东坡元是西湖长:
　　　西湖品牌执行官

一

北宋元祐五年（1090），苏轼任杭州知州的第二年，四月的一天，上了年纪的父老代表，从四面八方不断地向市府大院聚拢过来。

群众代表一个个到了门口后，都安安静静地散布在大门两侧，或坐或立，不吵不闹。最后一位长者到了，表明了来意：今天是市长接待日，我们有重要情况要向苏市长反映。

传达室门口，排队，登记。代表们一个个工工整整地写下自己的姓名、年龄、职业、住址。

在秘书的引领下，115名父老代表鱼贯而入，来到大会议室。众人刚刚坐定，54岁的苏市长带着团队就出现在了大家面前。

长者站了起来，向苏轼深深一揖。苏轼赶紧回礼。长者颤抖着花白的山羊胡子，饱含深情地说："苏学士，我们这帮人今天过来，是想向你请求一件事：修湖！"

"西湖之利，上自运河，下及民田，亿万生聚，饮食所资，非止为游观之美，而近年以来，埋塞几半，水面日减，葑蔓日滋。更二十年，无西湖矣！"①

二

"吴中陂湖间，葑蒲所积，岁久，根为水所冲荡，不复与土相着，遂浮水面，动辄数十丈，厚亦数尺，遂可施种植耕凿。人据其上，如木筏然，可撑以往来。所谓葑田是也。"②

事实上，早在林逋（967—1028）隐居孤山的时候，西湖湖面已经"零落棋枰葑上田"，垦殖渐成规模。"葑合平湖久芜漫，人经丰岁尚凋疏。"熙宁四年至熙宁七年（1071—1074）苏轼任杭州通判时，西湖水面葑合十之二三，至今才十六七年，西湖已埋塞一半。

为此，苏轼早就看在眼里，急在心上。当天下午，他召集有关人员开会，商议浚治西湖的具体方案。与会人员有杭州监税官苏坚、两浙兵马都监刘季孙（1033—1092）、钱塘县尉许敦仁等。小伙伴们知无不言，言无不尽，提出了具体可行的意见建议。最后，由许敦仁负责制订治湖方案并具体执行。

跟白居易任杭州刺史时一样，苏轼任杭州知州虽说名义上3年，实际上也只有20个月。元祐四年（1089）以来，浙西一带夏旱之后连着秋涝，灾情严重，饥疫并作。到任后的苏轼立即投入救灾和疏通茅山河、盐桥河的工程中。时不我待的焦急，让苏轼把疏浚西湖列为政府一号工程来抓。

元祐五年（1090）四月二十八日，史无前例的西湖

---

①〔宋〕苏轼《申三省起请开湖六条状》（《东坡全集》卷五十七）。
②〔宋〕蔡宽夫《葑田》（《宋诗话辑佚》卷下《蔡宽夫诗话》）。

综合整治工程，在父老乡亲们一片欢声笑语中开始了。

工程为何如此紧急上马？"目下浙中梅雨，葑根浮动，易为除去。及六七月，大雨时行，利以杀草，芟夷蕴崇，使不复滋蔓。……八月断葑根，则死不复生。"

工程量？"差官打量湖上葑田，计二十五万余丈，度用夫二十余万工。"

经费预算？来源？赈灾结余"尚得钱米约共一万余贯石。臣辄以此钱米募民开湖，度可得十万工"，还需"别赐臣度牒五十道，仍敕转运、提刑司，于前来所赐诸州度牒二百道内，契勘赈济支用不尽者，更拨五十道价钱与臣，通成一百道"。

工程目标？"半年之间，目见西湖复唐之旧，环三十里，际山为岸，则农民父老，与羽毛鳞介，同泳圣泽，无有穷已。"①

四月二十九日，苏轼把工程上报朝廷。

没几天就是端午节。杭城父老抬着猪、挑着酒，披红挂绿，来到工地上，感谢苏学士。

打开酒坛，闻闻菖蒲酒的酒香，再看看宰杀好的整只肥猪，曾在黄州像农民一样开荒种粮种菜的苏轼，早已成了烹制红烧肉的行家，于是来到工地食堂，指导厨师：把猪肉切成二寸许的方块，小陶罐底刷一层油，码上香葱和姜片，肉皮朝下码好，一次性加入黄酒、生抽和冰糖，加盖，搁蒸笼上，开火。锅开后改文火慢炖半个时辰。

① 〔宋〕苏轼《杭州乞度牒开西湖状》（《东坡全集》卷五十七）。

元祐五年（1090）五月初五日中午，浚湖工地上，人人喝到了菖蒲酒，吃到了色泽红亮、松软酥香、咸鲜微甜、肥而不腻的"东坡肉"。

从来没吃到过如此美味红烧肉的民工，连声啧啧。一个小年轻津津有味地吃完，意犹未尽，咂巴着嘴，一脸由衷的敬佩，说："如果我们杭州评美食形象代言人，苏学士要说自己是第二的话，我看没人敢说自己是第一。"

晚上，吃过东坡肉，喝过菖蒲酒的苏东坡，踏着月色回到住处，激情难抑，一口气填了两阕《南歌子》。其中有句云："古岸开青葑，新渠走碧流。会看光满万家楼。记取他年扶路、入西州。"

随后，趁着诗兴，洋洋洒洒地写了一篇《申三省起请开湖六条状》，提出了全面开浚、开发西湖的具体方案，上奏朝廷。

三

夜已渐深，小会议室里，还是灯火通明。苏轼、苏坚、刘季孙、许敦仁几个人正在发愁：葑草、葑泥如何筑堤？土堤如何抗击湖水日夜不停的冲刷？

其实，白天几个人环湖考察时，还在为25万丈葑田的葑草、葑泥如何处理伤脑筋。走累了的苏轼，拣块石头坐下，敞开怀，用袖子扇风。黄梅天，雨没下，却十分闷热。一出汗，浑身黏糊糊的，很难受。大家纷纷学样，坐下歇息。

忽然，苏轼一拍大腿，陡地立起，激动地喊："在湖中央筑一道堤怎么样？"

看大伙一个个疑惑的样子，苏轼大声重复："用葑泥在湖中央筑一道堤，怎么样？"

这简直是小宇宙爆发的神来之笔！

西湖周回30里，南北交通要么坐船，要么沿湖绕山辛苦跋涉。若是湖中间修筑起一道堤，当即成为南北交通之捷径，巨量的葑泥、葑草也能废物利用，一举两得，真正是功在当代、利在千秋的伟业啊！

明白过来的小伙伴们激动得跟苏轼一起手舞足蹈。一篇文章，忽遇卡顿，苦思冥想中，灵感突至，佳句频出，那般兴奋也莫过于此。

可稀泥一般的葑泥如何筑堤，成了这神来之笔的技术难题。大家刚刚高兴完，又一个个犯了愁。

看大家累了一天，都已疲惫不堪，苏轼提议："专业的事交给专业的人。这样吧，明后两天，我们一起去找找专家，听听他们的意见。今天的会议就开到这。"

苏轼任杭州通判时，领头疏浚六井的仲文、子珪、如正、思坦4个僧人，如今只剩子珪健在。子珪虽垂垂老矣，却身体倍儿棒，吃嘛嘛香，关键一点，思路清晰。[①]

转运使叶温叟、以水官出知信州的侯临、仁和知县黄僎，一个个都是共商大计的小伙伴、智囊团骨干。

经过多方走访，由多位专家联合攻关，终于解决了技术性难题：葑草用铡刀细细铡碎，连同葑泥，和以黏土，用模具拍成砖块模样，晒干，就成了筑堤最主要的原材料。堤岸，用石块垒砌，不惧湖水冲刷。两岸植桃柳，既能固堤，

① 朱宏达、朱磊《西湖甘水，殆遍一城》（《苏东坡与西湖》）。

又成风景。

至于如何防止葑草复生,也已经有了解决方案:菱葑之湖面允许租给农民种植菱藕,因为在种植菱藕前,必须清理水面。为防租户日后侵占湖面,西湖整治竣工后,立小石塔三五所为界,严禁在石塔范围内种植。①这也成了西湖著名的"三潭印月"佳景的滥觞。

出梅后,天气一天天晴热。葑草铲除、葑泥起动时,发出浓烈的泥腥味,臭气扑鼻,经过的老百姓都避之唯恐不及。天天出现在工地上的苏轼,却如入鲍鱼之肆,久而不闻其臭,跟着技术人员一起,研究葑草、葑泥、黏土三者比例,力求拿出一个最佳配比。两手黑泥不说,脸上也粘了泥巴,成了大花脸,还喜笑颜开,快乐得像玩泥巴的小孩。

为了方便到工地,他甚至把办公室都搬到了距离钱塘门二里许的十三间楼。

四

别看西湖三周是山,山上却是石多泥土少。经考察,真正适合取土的,唯有赤山。赤山纯是土山,且紧挨西湖,运输十分方便。

前方报告赤山土黏、泥多,速来,后方组织运输队伍扛着锄头、挑着簸箕、推着独轮车就过去了。谁知一到山前,全都傻了眼:慧因寺少壮僧众,手执棍棒,列成一排,阻止大伙取土。佛前诵经的寺僧,化身成少林武僧,杀气腾腾。老的少的,乃至火工、保洁,操起菜刀、拖把,人人齐上阵,个个不顾身。

---

①〔宋〕苏轼《申三省起请开湖六条状》(《东坡全集》卷五十七)。

西湖晨曦（"六月西湖锦绣乡，千层翠盖万红妆。"——〔宋〕杨万里《清晓湖上》）

  腆着个将军肚的包工头，抖晃着手上的政府红头文件，像拿了尚方宝剑一般，神气活现、牛皮哄哄："我告诉你们，你们这是妨碍公务！今天理解得执行，不理解也得执行。"命令施工队操起锄头，准备强挖。

  一方强行要取，一方坚决不让。

  剑拔弩张，一触即发。

  原来，慧因寺住持听闻施工队要来寺庙左边的赤山取土，就请堪舆先生过来一断利弊。堪舆先生拿着罗盘一阵摆弄之后，大摇其头："山如寺之左臂，一旦失之，其弊立显。"

  赤山即将发生大规模械斗的消息，第一时间汇报到了西湖综合整治工程指挥部苏轼案前。

  苏轼以最短的时间赶到现场。住持也是老相识，哭丧着脸，向苏轼倒起苦水："苏学士，没了赤山，寺将不寺，我们上百号佛门弟子将无所皈依。你得为贫僧做主啊！"

苏轼上前挽起住持胳膊，朗声问道："我下辈子化身伽蓝，以护宝刹，你看如何？"

"此话当真？"住持就坡下驴。

"自然当真！"苏轼一脸严肃，说，"下辈子你若是等不及，明天你就可以先塑个我的像放在伽蓝殿里。"①

轰的一声，僧人、民工都笑了。干戈化玉帛，一句许愿，一场流血冲突顿时化解于无形。

苏轼拉着住持进了大雄宝殿，郑重地在佛前发愿。

住持果真第二天就请来木匠、雕花匠，大张旗鼓地给苏轼造像。文曲星下凡的苏学士，闻名全国，声播海外，利用名人效应，很容易就能打造成金字招牌，就可以在西湖边林立的寺庙中脱颖而出。小寺虽损一臂，却添一神，趁机炒作，借势宣传，利害得失，住持门儿清。

"三百六十寺，幽寻遂穷年。"②山水乐，方外交，诗佛缘，构成了白居易、苏东坡这两位杭州历史上文名最著、影响巨大而深远的父母官在杭州的生活图景。而有时候，生活即是工作，工作即是生活，两者已水乳交融、浑然难分。

五

从夏至冬，历时4个月，自南屏山下直通栖霞岭麓，全长840丈、宽5丈的新堤，在西湖中间偏西一侧建成。

---

① 〔明〕李萼《官字》（《慧因寺志》卷五）。
② 〔宋〕苏轼《怀西湖，寄晁美叔同年》（《苏轼诗集合注》卷十三）。

北山始与南屏通

　　新堤不仅为西湖南北交通增加了一条便捷的通道，更解决了以往只能从岸上观赏西湖而不能深入湖心的难题。堤上遍植桃柳，在解决实际问题的同时，又营造了园林艺术上的理想境界。①自己不是把西湖比成西施吗？试问，只有一条白沙堤为秀眉，美女能美吗？如自己写诗作文的神来之笔一般，以一条新堤，描全了美女的一对秀眉，岂不快哉！

　　苏轼的莫逆之友、生死之交道潜（1043—1102），时为孤山智果寺住持，见疏浚之后，西湖豁然开朗，新堤横亘南北，盛赞此举"伟人谋议不求多"，写诗庆贺"天上列星当亦喜，月明时下浴清波"②，由衷地为朋友点赞，替西湖高兴。

　　最开心的当然还是苏轼。眼看要湮废的西湖，经自己之手焕然一新，"卷却西湖千顷葑，笑看鱼尾更莘莘""我凿西湖还旧观，一眼已尽西南碧"，笔下全是西湖旧貌换新颜的欢欣。

而苏轼本人,却无缘见到湖堤桃红柳绿的美丽样子了。元祐六年(1091)二月,春节刚过不久,苏轼就被召回京。那时,新堤上插下不久的柳枝,还未发芽。

杭州城因苏堤的建成普天同庆、喜大普奔。继任的杭州知州林希(约1035—约1101),顺从杭城父老民意,亲自榜书新堤:苏公堤。①

六

后来,任职也好,流放也罢,苏轼每到新的一地,就把杭州西湖当作一种文化现象来传播,颂扬西湖,推销西湖;只要当地有湖,就把杭州西湖作为一个成功的城市建设范本来推广,以其杭州治湖的实践,推广杭州经验。而这样的杭州经验输出,本质上是一种文化理念的输出,是一种文化基因的传播。

这一杭州经验,可概括为"堤桥结构"四字:伸向湖中的长堤,两面临水,中间流水处以桥梁连接。堤桥有水面、土堤、拱桥、植被四大要素,可赏景,可挡水,还能解决交通问题。

没有钢筋水泥,没有大型机械,要在湖中修建一条能抵挡湖水时刻冲刷而不垮塌的土堤,绝非键盘侠在电脑前敲敲键盘这么简单。

可别小看了这貌似普普通通的一条堤。景观千万条,诗意第一条。用长堤、拱桥、桃柳等景观要素来营造园林,已经达到了园林诗意化的终极追求,后世再难超越。

西湖的典范作用不仅名扬九州,而且蜚声海外。日本、韩国、越南等汉文化辐射所及之地,西湖的影响尤为深远。

---

① 〔宋〕施谔《湖》(《淳祐临安志》卷十)。

远眺西湖（"忽惊二十五万丈，老葑席卷苍云空。"——〔宋〕苏轼《轼在颍州，与赵德麟同治西湖，未成，改扬州。三月十六日，湖成，德麟有诗见怀，次韵》）

  越南首都河内第一大湖，号称"河内第一名胜"，亦名"西湖"。关于河内西湖的传说有多种版本，其中之一是这样的：古时候，天上有两个仙女私自下凡，因畏惧触犯天规，未敢久留人间，在返回天庭之时，各自从云端抛下一面梳妆镜以作留念。两面镜子分别落在了中国的杭州和越南的河内，它们便成了两个美丽的西湖。

  在汉文化圈，受影响最大最深的要数日本。明亡以后，流亡到日本的余姚人朱之瑜（1600—1682）主导营建了1629年始建的东京都立小石川后乐园。1952年，根据日本《文化财产保护法》，后乐园被指定为日本国家特别史迹和特别名胜。与黄宗羲（1610—1695）、王夫之（1619—1692）、顾炎武（1613—1682）、颜元（1635—1704）一起被称为"明朝中国五大学者"的朱之瑜，依据北宋文学家范仲淹（989—1052）《岳阳楼记》中的名句"先天下之忧而忧，后天下之乐而乐"将庭园命名为"后乐园"。

  与朱之瑜同期流亡日本的杭州人戴笠（1596—

119

1672），精医术、擅诗文。清顺治十年（1653）八月从广东番禺东渡扶桑，次年十二月剃发为僧。他悬壶济世，妙手回春，被日本人视为神医。身在佛门、心系故乡的他，曾写下《西湖感怀》诗30首。在诗末跋文里，戴笠深情地记道："万里家乡，一湖梦寐。六桥花柳，十载荒芜。……余浪迹东徂，寓庸世外，更衣脱俗，摩顶放踵，兀兀蒲团，冥冥结思，只未能一息忘西湖！"[1]

7万多平方米的后乐园，设计里融入了许多儒家思想的元素。园中直接模拟西湖风景的，是一条石砌的长堤。长堤名字就叫"西湖堤"。[2]

七

元祐六年（1091）闰八月二十二日，在恩师欧阳修（1007—1072）去世20年后，苏轼履新颍州（今安徽阜阳），但他与颍州西湖的缘分却始于20年前。

熙宁四年（1071）四月，朝命下达，苏轼通判杭州。七月，苏轼一家乘船离京（今河南开封），先到陈州（今河南淮阳）弟弟苏辙（1039—1112）家，一住就是70多天。兄弟两家人共度了一次团圆、喜庆的中秋佳节。九月，苏辙送哥哥到颍州。不久前致仕的欧阳修定居在这里。兄弟俩的一同到来，让欧阳修分外高兴。三人泛舟西湖，在湖上饮酒、赋诗，苏轼甚至"插花起舞为公寿"。三人欢聚了20多天。

颍州西湖在城西二里，"袤十里，广二里，翳然林木，为一邦之胜"。[3]"清风徐来，碧波浩荡，莲芰萍蓼，鱼跃禽鸣，美景不一。"[4]颍州西湖亭台之胜、觞咏之繁，在苏轼眼里，简直可以与杭州西湖相颉颃："大千起灭一尘里，未觉杭颍谁雌雄。"

[1] 鲍志成《近通东瀛 远达西欧——元明清杭州的对外交往》（《元明清名城杭州》）。
[2] 陈文锦《天下西湖三十六》（《西湖一千年——中国传统文化的经典之作》第七章）。
[3]《郧阳府志胜》卷十四。
[4] 亓龙、王秋生、胡天生《历代志书中关于颍州西湖的记载》（《颍州西湖历史与文化的研究》第一章）。

六桥横绝天汉上

皇祐元年（1049），欧阳修以眼疾为由，从扬州调到了颍州，爱其民淳讼简而物产美、土厚水甘而风气和，顿生终老之意。与前任孙祖德交接酬唱时，他说："北库酒醪君旧物，西湖烟水我如家。"初泛颍州西湖后，庆幸自己"都将二十四桥月，换得西湖十顷秋"。

苏轼的心情也跟当年欧阳修初到颍州时一样快慰。他在致友人王定国的信中说："某已得颍州，极慰所欲。"

在《颍州到任谢执政启》中，苏轼写道："入参两禁，每玷北扉之荣；出典二邦，辄为西湖之长。皆缘天幸，岂复人谋。……人醇事简，地沃泉甘。岂惟暂养于不才，抑亦此生之可老。"①字里行间流露着所愿得偿的庆幸。

颍州是个小郡，民风淳朴，政简刑清，当地人说："内翰只消游湖中，便可以了郡事。"②"苏门四学士"之一的秦观（1049—1100）也羡慕地说：

① 〔宋〕苏轼《颍州到任谢执政启》（《苏轼文集》卷四十六）。
② 〔宋〕王直方《东坡两为西湖之长》（《宋诗话辑佚》卷上《王直方诗话》）。

十里荷花菡萏初,我公所至有西湖。
欲将公事湖中了,见说官闲事亦无。

但苏轼并没有因此而懈怠。他到任颍州时,正值朝廷要征集颍州民工开挖八丈沟,将陈州之水引入颍河以解陈州、开封等地水患。经过认真细致的实地调查,获得翔实资料,苏轼于九月、十月接连两次上书提出八丈沟不可开挖的申省状,被朝廷采纳,阻止了一场劳民伤财的工程。

随后,他向朝廷请求,奏留原计划派去维修黄河的夫役一万多人,用来开挖颍州的沟渠,疏浚颍州西湖,修缮清河三闸。他在和通判赵令畤(1064—1134)的诗中写道:"西湖虽小亦西子,萦流作态清而丰。千夫余力起三闸,焦陂下与长淮通。"

在颍州官员、士绅鼎力支持下,一条从城外西北部通往西湖的长堤,在一天天加长。

可惜,颍州西湖未及治好,元祐七年(1092)正月,苏轼除知扬州,二月底就离开颍州,匆匆上任去了。

八

三月,在扬州的苏轼收到了赵令畤寄来的喜报:颍州西湖疏浚治理成功。欣慰之余,回想起治理杭州西湖时精心玩泥巴、许身做伽蓝的种种往事,苏轼情不能抑,写诗和道:"我在钱塘拓湖渌,大堤士女争昌丰。六桥横绝天汉上,北山始与南屏通。忽惊二十五万丈,老葑席卷苍云空。"

赵令畤还表示,想到扬州追随苏轼,治理扬州的湖。

苏轼化用恩师欧公语告诉他："二十四桥亦何有，换此十顷玻璃风。"咱们在颍州搭档那么愉快，自然欢迎哥们来扬州与我共事。

隋唐时期的扬州，是作为江南的代表而存在的。因此，唐宋任职扬州的，往往都是名臣高官。

扬州在历史上是一座"历战之城"。久而久之，原先高耸的城墙消失在兵燹战火中，而城濠却以绕城水体的形式留存了下来，并自然而然地成为后人借以凭吊古迹、寄托追思的载体。①

扬州城的护城河，古称"保扬河""保障河""炮山河"，是由不同时代的城濠连缀而成的带状水体景观，并始终与大运河保持着水源相通的互动关系。清雍正十年（1732），知府尹会一（1691—1748）疏通市河。借这个机会，在乡翰林程梦星（1678—1747）倡导大众捐款疏浚保障河。疏浚后，河道开阔，花木成行，画舫可以通到二十四桥的筱园。自此，"保障河"渐渐被称为"保障湖"。乾隆皇帝（1711—1799）南巡，盐商奉迎，"争地构园"，最终形成了"两堤花柳全依水，一路楼台直到山"的秀丽景观，保障湖园林景点大备，以"北郊二十四景"著称于世。②

被乾隆皇帝称赏为"广陵繁华今胜昔"的盛景，自然引起了文人的感慨。乾隆元年（1736），曾参与分修《浙江通志》和《西湖志》的杭州人汪沆（1704—1784），在游过保障湖后，赋《红桥修禊词，同闵莲峰、王载扬、齐次风作》：

垂杨不断接残芜，雁齿虹桥俨画图。
也是销金一锅子，故应唤作瘦西湖。③

---

① 王鑫磊《瘦西湖景观对扬州宗教文化的演绎》（《一座世界名城的文明多元化——扬州瘦西湖景观历史演进的文化解读》第二章）。
②③ 卢桂平《瘦西湖景区的历史演变》（《扬州瘦西湖文化》第二章）。

一个"瘦"字，表现出扬州西湖纤秀、苗条的风韵，从而区别于杭州西湖雍容、丰腴的风姿。大气、包容、灵活的扬州人接住了杭州人抛来的绣球，纷纷以新名"瘦西湖"代替原名"保障湖"。

瘦西湖虽为人工建造，却宛自天开，外形的纤瘦秀巧，不减内蕴的丰富多彩，成为一种独具婉约意境的园林艺术。

当然，这都是后话了。此时的苏轼，正在听取主事官员关于历年芍药花会办会惯例的汇报。几年前，蔡京（1047—1126）任扬州知州，仿效洛阳办万花会。主事官员讲起旧例，如何筹措经费，如何组织花源，等等，头头是道，却发现苏轼越听眉头越紧。苏轼在走访花农、市民后，发现这万花会果然已是怨声载道。不愿"以一笑乐为穷民之害"的苏轼，毅然停办了万花会。

盛极一时的万花会取消了，苏轼在扬州的这个春天不免过得有些落寞。幸好，还有扬州通判、"苏门四学士"之一的晁补之（1053—1110），道人昙秀，几个人可以诗酒相娱。另外，外地的好朋友不断有好消息传来，也可聊作慰藉。

这天，杭州知州林希寄来一首诗，向前任汇报了苏公堤的可喜景象：新插的柳枝早已暴出新芽，一派新绿；移栽的桃树也成活了，正含苞待放。

西湖中央原本光秃秃的一条湖堤，眼看就要桃红柳绿了。欣慰之余，苏轼提笔和了一首，其中有句云："羡君湖上斋摇碧，笑我花时甑有尘。为报年来杀风景，连江梦雨不知春。"

九

北宋绍圣元年（1094）十月初二日，59岁的苏轼，这位"万里投荒白发臣"，和幼子苏过（1072—1123）、侍妾王朝云（1062—1096）几个一起，抵达岭南古城惠州。这一件事，无论对苏轼，还是对惠州，都是历史性的：苏轼谪居惠州，实现了晚年思想的重大转折，在他的平生功业中写下了绚烂的一章；惠州则因苏轼的谪居和遗爱"始大著于天下"，从此逐步成长为一座历史文化名城。

惠州当时属遐方绝域。"子瞻谪岭南，时宰欲杀之"，苏轼居惠州，非官员赴任，非游客过往，甚至连罪人徙置都不是，而是当权者对思想异己者一次包藏祸心的政治流放。①

好看的皮囊千篇一律，有趣的灵魂万里挑一。一颗有趣的灵魂，祸福不撄其心，到哪里都是快乐的，即便是垂老投荒。乐观、旷达的性格又一次拯救了苏轼。"日啖荔枝三百颗，不辞长作岭南人。"惠州遍地鲜果，自然成了他的幸福源泉。"东坡寓惠凡三祀，有诗一百七十二"，诗作得不算多。对宵小构陷的忧猜戒惧，让昔日大嘴巴的他变得如谍战剧里的特工一般谨小慎微，在附诗的信函中一再叮咛惠州知州詹范、方子容和循州知州周彦质："阅后即焚。"

而杭州西湖，屡屡入到梦中来。回忆当年自己曾"游遍钱塘湖上山，归来文字带芳鲜"，如今身处岭南，与杭州遥隔千里，除了念念不忘，什么也做不了。杭州故人寄信问候或以诗相赠，成了他念想西湖之苦的最大安慰。

① 朱靖华《东坡惠州，千古风流——吴仕端〈惠州西湖艺文丛谈〉序》（《惠州西湖艺文丛谈》）。

昙秀从扬州出发，跋山涉水，千里迢迢来惠州看望苏轼。10日后，面孔黧黑、双足起茧的昙秀要离开惠州了，苏轼在赠别诗中感叹："人间胜绝略已遍，匡庐南岭并西湖。西湖北望三千里，大堤冉冉横秋水。"

西湖上，这条被政敌诬以"为长堤于湖中，以事游观"拿来攻讦自己的苏公堤，已然桃红柳绿，苏公本人却一次也无缘目睹，只能在三千里外苦苦地遥想，而无法像昙秀那般潇洒地说走就走，岂不叫人感慨系之？

"浮峤来何处？丰湖入数村。"[①]惠州城西有湖，溉田数百顷，苇藕蒲鱼之利，岁数万，民之取于湖者，其施已丰，故名"丰湖"。

丰湖上原有长桥，屡建屡坏。苏轼鼓励栖禅寺僧人希固化缘筹集资金，用"白蚁不敢跻"的石盐木建新桥。在他的擘画和指导下，希固带领众人，不仅修建新桥，还把原堤翻新。

与杭、颍西湖修堤有政府专项资金不同，丰湖修堤全凭众筹。

苏轼在惠州"樽俎萧然""米尽鼠迁"，日子过得很是窘迫。为了资助修堤，又实在拿不出钱，便解下那条带着自己体温、朝廷赏赐的镶玉的犀牛皮带，当场捐了出来。现场群众见苏学士如此急公好义，感动不已，纷纷慷慨解囊，捐钱捐物。

"裸捐了，裸捐了，苏学士裸捐了！"苏轼为助修堤把腰带都捐了出来的消息，在惠州男女老幼的舌尖上不停地击鼓传花。

① 〔宋〕唐庚《杂诗》（《惠州西湖志》卷三）。

几个富户听闻后都跃跃欲试：把苏学士用过的腰带拍回家，那是可以跟苏学士的书画一样当传家宝传给子孙后代的呀！至于腰带将来会增值，在大城市换套大别墅，那是洒洒水小意思的啦！

一路用手紧着长袍回家的苏轼，让朝云给他缝了条布带代替腰带。当晚，他给远在筠州（今江西高安）的苏辙写信，向弟弟众筹。收到信后，弟媳史氏把皇帝赏赐给她的一袋金币"助施"了出来。

十

也许连苏轼本人都并未意识到，不在其位而谋其政的他，实际上是发自内心地在推广杭州经验，是尽心竭力地在做一个公共产品。这公共产品，就是除皇家园林、私家园林、寺观园林等三种中国园林基本类型之外的公共园林。

杭州西湖，就是当之无愧的公共园林典型代表。

开放式的公共园林最大限度地满足了城市公众对公共空间的需求，具有鲜明的公共性。沿着杭州西湖模式发展起来的大大小小的西湖，在社会属性上也是一种公共产品。

与白居易热衷修筑自个的私家园林不同[1]，苏轼不仅自己没有建过私家园林，也极少关心朋友们的园林别业。一生挚爱自然山水的苏轼，醉心的是天地间的大美，也就自然而然地把兴趣和精力放在建设可供大众游玩的公共园林上，放在创建可以满足城市各类人群所需的公共审美空间上，以弥补自古以来城市公共空间和设施的不足。任职杭州如此，任职颍州如此，即便被贬黜到惠州，

[1]〔唐〕白居易《池上篇并序》（《白居易文集校注》卷三十二）。

仍旧痴心不改。①

绍圣三年（1096）六月，西新桥桥成之日，苏轼在一首以《西新桥》为题的诗中写道："父老喜云集，箪壶无空携。三日饮不散，杀尽西村鸡。"通桥典礼成了惠州全城一大盛事。

后来，这桥被当地人称为"苏公桥"，这堤也被称为"苏公堤"。

然而，赞助修桥，擘画修堤，比起从物质收益层面取名"丰湖"，到改名"西湖"的文化软实力提升的深远影响，则是小巫见大巫了。

十一

明代博罗人张萱（1558—1641）为一时名士。他作的《惠州西湖歌》，被《康熙惠州府志》取为品题惠州西湖的代表作。此诗一开头就把杭、颍、惠三个西湖作了比较："九州之内三西湖，真山真水真画图。钱塘明圣果不妄，二高三竺神仙都。汝阴勺水胡为尔？欧阳太守移家至。"说颍州西湖如果"续游不是老门生，安得标名在人耳？"而"惠州西湖岭之东，标名亦自东坡公"，为惠州西湖庆幸。②

他虽然也明白苏轼在杭、惠两地时势不同，"绍圣已非元祐日，惠州岂与杭州同"，但还是因苏轼在惠州只为丰湖写过《江月》五首，"空将藤菜敌莼羹，江月才留二百字"，而替惠州西湖感到深深遗憾。

清康熙年间，岭南诗人陈恭尹（1631—1700），在《惠州西湖歌》里对杭、颍、惠三个西湖作出比张萱更

---

① 陈文锦《天下西湖三十六》《西湖一千年——中国传统文化的经典之作》第七章）。
② 〔明〕张萱《惠州西湖歌》（《惠州西湖志》卷一）。

进一步明确的品题:"杭湖不过方十里,颍上无山空勺水。老夫未免有乡情,敢道他皆不如此。"认为惠州西湖比杭、颍更胜,因为杭湖少曲,颍湖无山,而惠州西湖则是"惠州城西几百峰,峰峰水上开芙蓉""丰湖之水曲若环,扁舟一去何时还"。①

和陈恭尹同时期的惠州知府王瑛,尝戏谓:"惠之西湖,苎萝之西子也;杭之西湖,吴宫之西子也。"②他认为:论幽深曲折,惠胜于杭;若言波光山色,惠与杭足堪匹敌,不相上下。

"一更山吐月,玉塔卧微澜。正似西湖上,涌金门外看。"其实,苏轼本人早就对丰湖、西湖做过一番比较了。

南宋以自然派诗风开一代宗风的杨万里(1127—1206),游过惠州西湖后,写了两首小诗,其中之一广为后人所熟知:

三处西湖一色秋,钱塘颍水更罗浮。
东坡元是西湖长,不到罗浮便得休?

杨万里把杭州、颍州、惠州三个西湖,破天荒地鼎足般相提并论。这首小诗之所以广泛流传,原因之一,是没有给三个西湖以轩轾之分,也就完全没有拉仇恨。

实际上,苏轼这个"西湖长"是把杭州西湖作为文化现象和城市建设范本两方面来传播和推广的。他所到之处,杭州西湖便成了当地士绅顶礼膜拜的美学典范,成了当地人追崇效法的园林经典。③

于是,即便是"西湖长"的流放地,丰湖也不得不让位于强势的公共园林品牌——西湖。这在品牌意识不

①〔清〕陈恭尹《惠州西湖歌,赠叶犹龙》(《惠州西湖志》卷四)。
②〔清〕王瑛《代泛亭记》(《惠州西湖志》卷五)。
③陈文锦《天下西湖三十六》(《西湖一千年——中国传统文化的经典之作》第七章)。

东坡元是西湖长

强的古代，大概只有具备超前战略眼光的城市建设者才能有此超前壮举，也无意中契合了现代城市规划必须具有科学性同时也得具备前瞻性的要义。

时间可以证明一切。果不其然，"惠州西湖"的叫法更方便传播。如今，丰湖早就泯然无闻，而惠州西湖亦已与杭州西湖、颍州西湖、扬州瘦西湖并称为"中国四大西湖"。

十二

天下有三十六个西湖，世上却只有一个苏东坡。

绍圣四年（1097）四月，61岁的苏轼责授琼州（治所在今海南琼山县）别驾，昌化军（今海南儋州）安置，不得签署公事。

而爱妾朝云，这位天生丽质、聪颖灵慧的杭州美女，被苏轼视为散花天女[①]、无论苏轼升陟贬黜始终忠贞不贰的红颜知己，已于上一年七月染疫病逝，年仅35岁，葬于栖禅寺东南山坡的松树林中，永远长眠在了惠州西湖之畔。

四月十九日，苏轼离开惠州。五月，溯西江上抵梧州，听说弟弟苏辙贬谪雷州，相距不远，即刻赶去。五月十一日，这对难兄难弟相会在藤州。兄弟俩走得很慢。六月五日，兄弟两家一行人抵达雷州。雷州知州张逢、海康知县陈谔出城迎接，设宴款待两位文豪兄弟，并安排他们住入行馆。

雷州有罗湖。罗湖位于古城西北，面积9万多平方米，宋以前是一处烟水苍茫、任流任伏的野水，宋时成了城郊水库，储水面积约为现在的五六倍，也是古代雷州的一处游览胜地。苏辙本想陪兄长一游罗湖，怎奈苏轼痔病发作，苦不堪言，行动不便。三天中，苏辙写了《东亭》《东楼》两首诗，苏轼各和了一首。

三天后，苏轼带着苏过离开雷州前往海南，苏辙送哥哥过徐闻至海边。

六月十一日清晨，兄弟俩在海滨依依惜别。不料这一别，竟是永诀。

毫无悬念地，雷州罗湖变成了雷州西湖。

[①]〔宋〕苏轼《殢人娇》（《东坡词傅干注校证》卷八）。

水光潋滟晴方好

十三

西湖，是天造地设的一颗明珠。杭州因为有了西湖，才获得"人间天堂"的美誉。

苏轼，是日精月华的一个精灵。西湖因为有了苏轼，才熠熠发光，焕发无限的神采。

名人对一座城市、一个湖泊的深远影响，人们看得很清楚。杭州人、清代才子袁枚（1716—1797）由衷评价说：

江山也要伟人扶,神化丹青即画图。
赖有岳于双少保,人间才觉重西湖。

苏轼对惠州的意义,后人高度评价,认为:"一自东坡谪南海,天下不敢小惠州。"①

对杭州、西湖做出巨大贡献的白居易、苏轼二位市长,后人习惯白、苏并举:"杭州若无白与苏,风光一半减西湖。"②

白居易是一位现实主义诗人,诗作通俗易懂、明白晓畅,重概括和描述。在西湖尚未出名之前,在西湖从自然湖泊向风景湖泊转变之际,最需要这种"白"得不能再"白"、妇孺皆宜的宣传和推广。西湖原始、璞玉般的美,在白居易极尽铺陈之能事的笔下,楚楚动人,娇柔旖旎,让人一见倾情。

苏轼是一位浪漫主义诗人,诗文生动而富于想象,更重视细节的描画。在西湖出名之后,在西湖由风景湖泊向人文湖泊转型升级的时候,最需要这种对西湖美学内涵和艺术特征的提炼。西湖的诗情画意,非遇苏轼的诗思文采不足以展其妙;苏轼的诗思文采,非遇西湖的诗情画意不足以尽其才。西湖婉约、秀丽的美,在苏轼摇曳生姿的笔下,百媚千娇,风情万种,让人心生向往。

在对的时间,遇到对的人。人还是泰斗级、世界级的名人。西湖何其幸运!

西湖在经过中唐到宋初的发展之后,迫切需要从文化品格和审美特征两个方面予以提升和定格。

作为杭州通判的苏轼,有大量的业余时间来创作。

---

① [清]江逢辰《和杨诚斋韵》(《惠州西湖志》卷三)。
② 余荩《合郡咸感德 离别情依依——杭州与白居易》(《隋唐名郡杭州》)。

山色空蒙雨亦奇

他的西湖诗词，契合了中国文学艺术创作的内在规律和审美方式，因此使西湖美学和社会价值的发掘和传播更加具有了文化的意味。

作为文人市长的苏轼，通过修建既具实用功能又具审美功能的苏堤、三潭，使杭州西湖达到了颜值巅峰，把杭州西湖打造成了一个具有公共园林性质的游观胜地，毋庸争议地，使杭州西湖成为全国各地大大小小西湖的翘楚和盟主。

天下西湖三十六，其中最著唯杭州。①

---

① 〔清〕陆以湉《西湖》（《冷庐杂识》卷六）。

第四章

保湖与废湖之争

不畏权贵保南湖：
湖上青山展画图

一

徐州司法、虔州（今江西赣州）司法、浏阳知县、荆州教授、余杭知县、萧山知县，北宋秘书郎、著作郎、右谏议大夫、国子监祭酒，南宋工部侍郎、龙图阁直学士、提举洞霄宫，"程氏正宗""闽学鼻祖"——杨时，一个与杭州湖泊有缘的人。

在萧山筑湘湖之前，杨时还在余杭保过南湖。

二

据说，宋徽宗政和五年（1115）进士及第的秦桧（1090—1155），在被破格提拔为御史台左司谏处理公文时，发现来自全国各地的公文字体不一，很不规范，便利用公务之暇，潜心研究字体。后来，他在仿照宋徽宗（1082—1135）"瘦金体"的基础上，创造出了一种独特字体，横细竖粗，工整画一，简便易学，便开始用自己创造的新体字誊写奏折。

当皇帝不在行、对文艺很内行的宋徽宗，敏锐地意识到新体字的重大意义，下令将秦桧书写的范本发往各地，要求统一按范本字体书写公文。

这一措施很快在全国推广。这种字体逐渐演变为印刷用的"宋体"。时至今日，宋体仍是应用最广的字体，它对汉字的普及、传播可谓功不可没。

单凭这一点，秦桧就可以直登中国历史上十大最有影响力书法家榜单。而由他创立的字体，按国内惯例，应叫"秦体"，与"欧体""虞体""颜体""柳体""赵体"等相提并论，甚至影响更广、名气更大。

然而，历代书法评价，书品和人品是血肉相连的一个整体，且人品高于书品。人们认为把人品低劣的人的书法作品收藏在家中，等于收藏了邪气，既玷污了家风，也拉低了自己的品行。因此，历史上臭名昭著的奸臣蔡京、秦桧、严嵩等虽堪称书法大家，流传下来的作品却极罕见。因人废字，"秦体"也就被"宋体"取而代之了。

当年名节不要了，如今向谁去喊冤！

蔡京书法自成一格，连狂傲的、素有"米颠"之称的米芾（1052—1108）也深为折服。一次，蔡京问米芾："当今书法谁最强？"米芾答："从唐柳公权（778—865）之后，就算你和你弟弟蔡卞（1048—1117）了。"蔡京又问："其次呢？"米芾答："当然是我了。"

当时代表宋代书法成就最高值的"宋四家"——"苏黄米蔡"之蔡，原指蔡京，后人恶其奸邪，易以蔡襄（1012—1067）。

蔡京是个讲究人。天天要写给别人看的字讲求漂亮，自己父母墓地的选址、营建，事关子孙万代，那更是殚精竭虑，追求完美。

蔡京父亲蔡准去世了，墓地选择在临平山，以钱塘江为带水，以秦望山为案山，气势雄壮。临平山形似骆驼，葬师指点，"驼负重乃行"①。于是，蔡京向朝廷打报告，要为祝圣而修塔，使临平山壮美。一顿操作猛如虎，蔡京没掏一分腰包，临平山上矗立起一座巍峨高塔，成为杭州东北部地标性建筑。

蔡京母亲去世了，堪舆先生带着罗盘，踏勘了好几天，找到一块风水宝地，蔡京十分称心。不过，他很快就发现自己高兴得早了那么一点。

这回，福建仙游人蔡京，遇上了福建将乐人杨时。而两位福建人因缘交集的地方，在余杭，在南湖。

三

苕溪从天目山下来，分注石门港，由石门港逶迤而入，汪汪淼淼，汇成南湖。南湖涝可防洪，旱可灌溉，"数百年来称东南一大利薮矣"②。

南湖纵横13700亩，"崇冈郁蟠，波光耀碧，清辉映带，气候递换，形胜与西湖埒"。③人们把南湖与西湖并提，足见南湖风光之美。南宋杭州人、洞霄宫道士龚大明（1168—1238）有诗赞曰：

梅霖初歇水平湖，湖上青山展画图。
更著楼台相掩映，风流端不减西湖。④

宋徽宗大观元年（1107），杨时任余杭知县。一天，

---

①〔明〕田汝成《佞幸盘荒》（《西湖游览志余》卷四）。
②③〔明〕金学曾《南湖告成记》（《南湖牍文》第二章）。
④〔宋〕龚大明《南湖》（《洞霄诗集》卷七）。

余杭南湖("梅霖初歇水平湖,湖上青山展画图。"——〔宋〕龚大明《南湖》)

当朝太尉、太师、左仆射兼门下侍郎蔡京府内的副总管带着一位堪舆先生和几个家丁来到余杭,为亡故的蔡母选墓址。杨时安排好他们的食宿,派县丞全程陪同。踏勘后,首选墓址位于南湖东南侧不远的一座山腰处。

京城,蔡府,蔡京仔细研究副总管呈上的几张墓址图,不时询问堪舆先生。经过筛选、权衡,蔡京同意首选地为其母墓址。

堪舆先生进言:"如果能挖开南湖,把湖水引到山脚,形成一个大塘,为墓地壮色,如此,山水交相辉映,则风水更佳。"

浚湖筑塘,淹没农田,征用民夫,每一件都离不开地方政府的支持。如果直接修书让杨时处理,同朝为官,杨时守正不阿的为人他是知道的,一旦被驳回,丢了面子事小,失去转圜余地事大。经过一番深思熟虑,蔡京亲笔修书给越州知州吴执中(1034—1112),托付他从中周旋,玉成其事。

吴执中从不趋炎附势，做了30多年地方官，直到绍圣年间（1094—1098），60多岁时才入朝为官。蔡京对这位前辈老乡多有提携、举荐，把他当自己人。

吴执中老家是福建松溪。老乡见老乡，两眼泪汪汪。看在同乡的分上，杨时或许会卖吴执中几分面子。让杭州邻州长官出面斡旋，摆明了自己不愿用以上压下的行政手段来干预的姿态，可以最大限度避免挑起杨时的逆反心理。

同时也为自己留有退路：假若吴执中斡旋不成，到时候可以再让杭州知州出面，动用官场一切明规则、潜规则，最终达成目的。

官大一级压死人。当朝宰相的我，还拿捏不住小小七品芝麻官的你？只不过，能力越大，责任越大，宰相肚里能撑船，我不能跟你一般见识罢了，不愿降维打击一个地方官罢了。时代中的一粒灰，落在个人头上，可能就是一座山。我怕我吹出的一口气，刮在你的脸上，说不定就是一场超强台风哩。

蔡京的如意算盘打得噼里啪啦震天响。

吴执中接到书信，本不想捧蔡大人臭脚，但架不住蔡大孝子花花肠子里吐出的煽情语词、婉转理由，第二天就风尘仆仆赶到了余杭。

事出反常必有妖。杨时客客气气地接待了同样刚正不阿的吴执中。吴执中与杨时叙了乡谊，让杨时尽力而为，并转达了蔡京信中特别提到"所需经费，以兴修南湖水利为名奏请朝廷拨款，不必多虑"的这一层意思。

别提钱，提钱伤感情。顿时警觉起来的杨时，跟吴执中商量："请容在下实地查看后，再禀报办事之策，以求万全。不知吴大人意下如何？"吴执中点头说好。

送走吴执中，杨时立即找来县丞。县丞如实禀告："浚南湖筑墓塘，实乃侵犯民利、劳民伤财之举，大人到实地一看便知。"

四

第二天，杨时与县丞几个人来到南湖，沿东南方向朝蔡母墓址走去。爬上半山腰，只见墓址下方山谷是一片开阔地，约有农田千余亩。蓄水成塘，势必淹没部分良田。

"蓄水成塘，这是说说好听，南湖是要根据雨季旱季来安排蓄泄的，如果一年到头水满着，洪水来了怎么办？说是蓄水添景，实为蓄水添灾。"县丞是本地人，子孙后代都要在余杭生活，可不想因为此事而背个千古骂名。

县丞的担心正是杨时的担心：你这是要把偌大的一个南湖作为墓塘啊，野心真正不小！

虽然明知此举断不可为，可如何应对，不致让吴执中这位中间人为难，将是对为官20多载的杨时的一次重大考验了。

蔡京要为母墓造墓塘的消息，传遍了周边几个村庄。杨时一行经过时，得知消息的父老乡亲纷纷反对。杨时说了一堆场面话。

杨时附到县丞耳边，只是悄悄说了两个关键词：告状书、手印。

县丞心领神会，连连点头，悄悄对杨时竖了竖大拇指。

过了两三天，县丞把一份工程测算报告递到了杨时案头。据精密测算：需修建引水圳一条，长5华里；塘坝一丈多高；需征用民力8万多个工日，预算耗银7000多两；工程建成后淹没良田500余顷。

同时，一封摁有300多户主手印的联名告状书也送到了县衙，状告蔡京损民之举。

杨时却病了。

按照杨时的交代，县丞修书一封："蔡大人浚湖壮其母墓之事，民怨甚大。县衙小的们说服不了民众。知县杨大人又病了，请示谕。"连同告状书一并寄呈吴知州。

在官场中，在政治斗争中，装病也是一门艺术。好你个杨龟山，倒挺会挑时间生病，真是远有司马懿，近有杨龟山啊！吴执中接信，会心一笑，修书一封，报告自己如何赶到余杭尽心尽力操办此事，连同余杭县丞的书信和告状书，一并寄呈蔡京。

蔡京接信火冒三丈，冷静一想，却又无可奈何。换作别的官员，碰上这样千载难逢的机会，上赶着巴结都来不及。一个是知县，一个是宰相。知县有给宰相溜须拍马的时机，哪个不是赞美到肉麻、讴歌到嘴麻、下跪到腿麻？哪个不是麻溜地献上令人惬心的大礼包？唉，偏偏撞上杨时这样不识时务的书呆子，也算自己倒了大霉。事情硬做下去，势必闹大。难道我堂堂一个宰相还跟你小小一介知县来过招不成？自己当然不可能干那种

余杭南湖（"九峰倒影迷烟树，千顷澄波散野鸥。"——〔清〕邵运昌《南湖新涨》）

我掉价、你出名的蠢事。翻着那一页页密密麻麻的手印，仿佛看到了一张张义愤填膺的脸、一个个高举挥舞的拳头。要么忍，要么残忍。当前国际国内形势，列强环伺，民变四起。擅长揣摩上意、时刻保持与皇帝同频的蔡京，最终选择了隐忍、退让，放弃首选墓址，执行B计划。①

杨时逝世后，余杭百姓为纪念他的爱民之德，在南湖东南隅建起龟山书院，以示纪念。

明成化二十二年（1486）十一月，原礼部尚书邹干（约1409—1492）、太学生方景高等余杭乡耆父老，在龟山书院旧址建祠，次年十月落成，祭祀主持建造南湖的县令陈浑、整修南湖的县令归珧、保护南湖的县令杨时等三人，以昭告其功德。②

祠名"惠泽祠"，俗称"三贤祠"。③

① 范立生《余杭护湖》（《客家名人杨时传记——纪念杨时诞辰960周年》第四篇）。
② 〔明〕邹干《惠泽祠碑记》（《南湖牍文》第三章）。
③ 王庆《庙貌三贤在》（《南湖史话》）。

五

"打破筒（童贯），泼了菜（蔡京），便是人间好世界。"时人视为"六贼之首"的蔡京，74岁时被宋徽宗逼着写了辞职信，78岁时再度起用为相。靖康元年（1126），金军南下，宋徽宗禅位给宋钦宗，80岁的蔡京被贬崇信、庆远，流放岭南。"炙手可热势绝伦"的一代权臣，彻底凉凉。

想起西湖边宏丽的府第，如今早已换了主人，想起昔日的荣华富贵，转瞬成为过眼云烟，情难以抑的蔡京，填了一阕《西江月》："八十衰年初谢，三千里外无家。孤行骨肉各天涯，遥望神京泣下。　金殿五曾拜相，玉堂十度宣麻。追思往昔谩繁华，到此番成梦话。"①充满感伤之情，但无忏悔之意。

墙倒众人推，破鼓万人捶。舆情汹涌而来，蔡京被广大键盘侠喷成了筛子。途中，原本一人之下万人之上的他，几回回哭晕在厕所。

更悲催的是，捞钱从不手软的蔡京在赴海南儋州贬所时，携带来源不明的巨额财产，却在路上用钱也买不到食物。显然，他低估了大宋人民的反腐觉悟。"金齑瑶柱，过舌即空"②，吃尽鹌鹑羹、蟹黄包、盐豉饼等天下美食的他不由感慨万分，方才开始自省："京失人心，一至于此！"③

最终，靖康元年（1126）七月二十一日，蔡京活活饿死于潭州（今湖南长沙）城南五里外东明寺。"虽谴死道路，天下犹以不正典刑为恨。"

名缰利锁，权牢情关。一个才华出众的文人，从基

---

①③〔清〕潘永因《尤悔》（《宋稗类钞》卷六）。
②〔明〕张岱《自序》（《西湖梦寻》）。

层干部做到当朝宰相,最后却落了个"世人皆欲杀"的下场,岂不让后人反思、警醒?

万千钱财今何在?千古留下唯骂名。从宰相、散文家、一流书法家的人生大赢家,到奸臣佞臣、排名历代奸臣榜、刻在历史耻辱柱上的人生大输家,原来,万众景仰与万民唾弃,只隔着一层人心向背的距离;原来,流芳百世与遗臭万年,有时只在自己的一念之间。

富贵既极,一旦颠覆,几于灭族。想起为父母坟茔的雄伟豪华而煞费苦心,临终之际,不知饿得"腹与背贴"的蔡京,会不会发出"俗师风水之说,安足凭哉"之感叹?①

而宋徽宗宣和二年(1120)十月,方腊(?—1121)率众起义攻陷杭州后,派人往临平发掘蔡京父祖坟墓,露其骸骨,加以唾骂,更是蔡京追悔莫及、悔不当初之痛心吧?②

当然,这种只为一己私利的伤悲引不起人们的同情。人们敬仰的,是那些大公无私、一心为百姓造福的人。如江苏无锡人、湖州知府陈幼学(1541—1624)在其撰写的《南湖考》一书中,就由衷敬佩地评价说:"南湖兴废,曷尝不由县令哉!创于汉,修于唐,守于宋,非异人任也,令也。"③

---

① 〔明〕田汝成《佞幸盘荒》(《西湖游览志余》卷四)。
② 钟毓龙《说兵祸》(《说杭州》第八章)。
③ 〔明〕陈幼学《浚南湖说略一》(《南湖牍文》第五章)。

舍官治湖杨公堤：
只见湖光不见笆

一

"找对了风口，猪都可以飞。"今人多爱讲运。

"天下大势，分久必合，合久必分。"古人多爱讲势。

山势能看出运势，能昭示繁盛。势若万马奔腾的天目山，东天目一脉，蜿蜒向东，凌深拔峭，萃于余杭，结局于径山；西天目一脉，凝云孕气，漫浸而来，舒冈布麓，若翔若舞，萃于钱塘，山停水聚，元气融结，结局于西湖。

两晋时代最著名的方术士、堪舆家郭璞（276—324），精天文、历算、卜筮。考察过天目形胜、钱江潮涌、西湖水情之后，这位中国风水学鼻祖留下了一首著名的谶诗：

天目山垂两乳长，龙飞凤舞到钱塘。
海门一点巽峰起，五百年间出帝王。

说起出帝王，人们自然会想到生于临安的五代吴越国王钱镠。这位出身草莽的英雄和他的子孙们，推行"保境安民、善事中原、纳土归宋"三大国策，筑塘捍海，撩湖凿井，奠定了杭州"人间天堂"的基础。仅凭否定方士"填西湖以建王府可垂祚千年"的献策这一点①，就足以令人肃然动容。于是，沉江名士吴仁璧的鲁莽凶顽、气走不愿改诗的贯休（832—912）的狭隘无量、收取使宅鱼这样的任性骄奢，似乎也可以原谅了。

试想，杭州若是没了西湖，还能成为"东南第一州"吗？

西湖不仅让杭州人免除了饮用咸卤之水的疾苦，更是滋润了杭州人。两度为官杭州的苏轼深有体会地写过一首诗，开头四句就是："吴侬生长湖山曲，呼吸湖光饮山渌。不论世外隐君子，佣奴贩妇皆冰玉。"在苏轼看来，因为从小就天天吸湖光、饮湖水，杭州人即便是贩夫走卒，一个个都显得那么冰清玉润、不同凡俗。

然而，让苏轼恋恋不已的杭州，经过元末的兵祸、火灾和明初对工商业的弹压，已经一派衰败景象。

元顺帝至正十九年（1359）常遇春（1330—1369）攻杭州一役，围城三个多月，"一城之人，饿死者十有六七。军既退，吴淞米舫凑集，聊藉以活，而又大半病疫死"②。自钱唐立县以来，杭州毁灭性的战争破坏只有两次，此即其一，另一次是太平军围城。

明代开国功臣刘基，元末有一段时间在杭州任职并长住，见证了杭州遭受巨大破坏后的惨状。他在《悲杭城》中记录："健儿披发走如风，女哭男啼撼城郭。……一朝奔迸各西东，玉斝金杯散蓬荜。"③

① 〔明〕田汝成《帝王都会》(《西湖游览志余》卷一)。
② 〔明〕田汝成《板荡凄凉》(《西湖游览志余》卷六)。
③ 〔明〕刘基《悲杭城》(《全明诗》卷五十五)。

二

城市的残破，加剧了西湖的湮废。

有元一代，"守令治西湖者无人，湖遂废而不治"。元末开始，豪强纷纷强占湖址为自家的园囿池荡，将西湖用篱笆圈起来，种植菱芡桑柘。圈湖运动此起彼伏。圈上湖后，胃口小点的填土为田，种稻种茭；胃口大些的干脆畚筑为居，造起湖景房。

到了明初，朝廷竟将这些湖田登记造册，征收税赋，在法律上承认了圈湖合理、占湖合法。有了政策许可，豪强权贵们更是把西湖当成了膏腴之地、淌汁肥肉，纷纷下手。

"西湖三百亩，强半富儿田。"[①]长期失修的西湖，湖面急剧缩小。苏堤以西，直抵西山之麓地势较高的地方，完全变成了桑田，仅留六小港以行瓜皮船。苏堤六桥，水流如线，西湖苟延残喘。过去一向际山为岸的西湖，

① 〔明〕李东阳《西湖曲》(《西湖志》卷二十二)。

杭州西湖（"谁为鸿蒙凿此陂？涌金门外即瑶池。"——〔明〕张杰《西湖》）

离山越来越远。里湖也是桑田遍布，只剩两三丈宽的水带，供酒船往来而已。①

后来甚至到了官府把西湖当礼物剜割送人的地步："以傍湖水面，标送势豪，编竹节水，专菱芡之利，或有因而渐筑塍埂者。"②动辄就要秀下限的衙门，节操碎了一地。

里湖不见了。代之里湖的，是一幢幢湖景房，雨后春笋般拔湖而起。③

像苍蝇闻到了伤口的血腥味，闻到了钱味的炒房团，车拉马驮、肩挑背扛着一麻袋一麻袋白花花的银子，东家进，西家出，兴奋地出没其间。经营着当铺、酒楼、缎子铺、绒线铺、绸绒铺、生药铺等赚钱生意的大财主、大财团，嗅到了背后的巨大商机，一个个虎视眈眈，垂涎三尺，恨不得一夜之间把整个西湖全填平了，第二天就打桩，盖别墅，建综合体，让自己赚个盆满钵满。

①〔明〕汪砢玉《古朴山房记》（《西子湖拾翠余谈》卷下）。
②〔明〕田汝成《委巷丛谈》（《西湖游览志余》卷二十四）。
③〔明〕田汝成《孤山三堤胜迹》（《西湖游览志》卷二）。

里湖（"游人马上休回首，一半春风在里湖。"——〔元〕白珽《湖居杂兴》）

至于没有了西湖的房还是不是湖景房，那还不好办？留口池塘大小的水面就足够玩噱头、做文章了！届时，购房者绝对有机会重新认识一下什么叫作"老婆饼里没有老婆，驴打滚里没有驴""图片仅供参考"的套路。

明弘治十五年（1502），酆都（今重庆丰都）人杨孟瑛（字温甫）出任杭州知府时，西湖发生了近500年来最大一次淤浅。当时西湖被豪强霸占的面积已达十分之九。西湖被鲸吞蚕食得支离破碎，命悬一线，到了存亡绝续的最危急关头。

杭州坊间到处流传着一首妇孺皆知的民谣：

十里湖光十里笆，编笆都是富豪家。
待他享尽功名后，只见湖光不见笆。①

①〔明〕田汝成《委巷丛谈》（《西湖游览志余》卷二十四）。

雷峰夕照（"浮屠会得游人意，挂住斜阳一抹金。"——〔明〕王瀛《雷峰夕照》）

民谣有几分普通群众拿豪强权贵没辙的无奈，更有几分对西湖整治后回归原貌的期盼。

三

你永远叫不醒一个装睡的人。同理，你也永远叫不应一个装聋的人。当一个个继任者决意要装聋作哑时，前市长苏轼那句铿锵有力的断言——"杭州之有西湖，如人之有眉目，盖不可废也"，任你如何在他耳边高声重复也不能让他"如梦初醒"。

但是，唐宋以来，经过以白居易、苏轼为代表的一大批儒家知识分子的倾情打造，西湖已经打上了历史的烙印，确立了自己的历史地位，它的文化属性已经定格，并且深入人心。

更幸运的是，西湖是一个多功能综合型的湖泊，杭州市民生活饮用水靠它，运河的畅通靠它，仁和、海宁几十万亩农田收成靠它。随便拎出一条理由扔到桌面上，当政者都得好好掂量掂量。

夕照山上，500多岁的雷峰塔①，金黄的琉璃瓦在残阳余晖下闪闪发光。初秋的晚风习习吹来，有了些许凉意。想当年，钱镠设置"都水营田司"，招募1000名精壮小伙组成工程兵部队——撩湖军，鉴湖、太湖有4支共七八千人，②治河筑堤，除葑草，堵漏洞，修沟渠，清淤泥，把西湖、鉴湖、太湖撩得碧波万顷，把西湖这位杭州人的掌上明珠撩成了一位百媚娇娘。而杨孟瑛为官杭州已经好几年，眼睁睁看着人人钟爱的西湖，今天被这个纨绔子弟"撩"一下，明天被那个浮浪奸人"撩"一下，却束手无策，不禁悲从中来。

泛舟湖上，急剧缩小的水面，让原本"船中人即水中仙"的愉悦感，也大打折扣。

久久徘徊在西湖边的杨孟瑛，看着不断被蚕食的湖面，无论如何也轻松不起来。

治愈自己不开心的办法，唯有浚湖！唯有挺身而出，解决面前这个"利归于数十家，害贻于千万井"的重大社会矛盾！

念叨起那首杭州童子皆会的民谣，更是感慨不已："待他享尽功名后，只见湖光不见笆。"呵呵，这岂不是

---

① 雨友亦芳《吴越修德建宝塔》（《千年胜迹雷峰塔》）。
② 倪士毅《治杭八六载　有国七二年——吴越国始末》（《吴越首府杭州》）。

自我安慰？"有了千钱想万钱，当了皇帝想成仙。"人类所有的智慧和经验都提醒我们，人的欲望永无止境，没有任何功名利禄可以填满人的内心。享尽荣华富贵的人，哪一个会主动把到嘴的肥肉吐出来？再这样放任自流下去，"待他享尽功名后"，西湖恐怕早就"不见湖光只见笆"了！

四

明朝从开国皇帝朱元璋（1328—1398）开始，封建专制统治愈演愈烈。残害功臣，酷杀官吏，廷杖朝宰，都使社会风气向整人、内斗、自保转变，政治生态十分恶劣。科举制实行早期士大夫阶层所具有的那种自信、开放、进取的理想主义色彩，完全被蝇营狗苟、结党营私、无情内卷所代替。

同时，行政体制也发生了转变。

白居易时，刺史是一州的主官，位高权重，只对皇帝负责。明代杭州作家、《西湖游览志》作者田汝成（1503—1557）总结道："今考乐天集中，无开浚奏状。意其时法禁宽洪，守土者得以便宜举事，不烦陈请，而廷议亦不訾之。"①

苏轼时，虽下有通判、长史一类的副手，自主权还是比较大，治湖这样的大工程都可以先动工，次日再打报告。

而杨孟瑛时，杭州府一级之上，增加了省最高行政机构承宣布政使司和司法机构提刑按察使司，府一级不过是主理民政事务的具体行政单位而已。杨孟瑛想整治西湖，得"先申巡台藩臬，俟其报可，然后敢白于朝，下工部详议之，再俟报可，然后兴事"。②

①②〔明〕田汝成《委巷丛谈》（《西湖游览志余》卷二十四）。

本该五十年一疏浚的西湖，自从南宋咸淳年间（1265—1274）疏浚以后，到现在，已经230多年没有整治了。200多年的不断侵占，既得利益不断固化，许多田地房屋已经登录在鱼鳞册内，取得了世代传承的合法地位。①

公共财产侵占与反侵占之战当然不可能一朝成功。既得利益者哪个愿意把到手的利益拱手相让？往往是一有人提议疏浚西湖，立即"浮议蜂起，有力者百计阻之"。②

房产商、炒房团、投资方，资本撒下去的铜板，每一个都在等待回响。从豪强手里抢湖，无异于从猛兽嘴里夺肉，轻则丢官，重则丧命。因此，曾任礼部仪制司员外郎、广西布政使司左参议等职的田汝成认为：当时形势下，"开浚西湖，不惟任怨，抑且费财，非有廉毅之才、豁达之度者，不能举也"。③

身居高位，无能就是罪。生死看淡，不服就干！如果青春不曾放肆，老来何以话说当年？明知湖有蛟，偏向蛟湖行！面对200多年没有疏浚和整治的西湖，面对侵占愈演愈烈的不正之风，不站队、不拜山头、没有后台的杨孟瑛，准备迎难而上，与豪强权贵死磕一回。

但行好事，莫问前程。事了拂衣去，深藏身与名。为人一生，总要有那么一次，不求回报、无所畏惧地去付出，哪怕结果不尽如人意，哪怕最后丢了乌纱帽，哪怕因此罹祸遭难。

你说你要整治西湖，总得先给出理由。杨孟瑛强烈要求疏浚西湖，理由如下：

---

① 陈文锦《再造功臣》（《西湖一千年——中国传统文化的经典之作》第六章）。
② 〔明〕田汝成《西湖总叙》（《西湖游览志》卷一）。
③ 〔明〕田汝成《委巷丛谈》（《西湖游览志余》卷二十四）。

以风水为言，若西湖占塞，则杭州之形胜破损，生殖将不蕃。

以守备而言，若西湖占塞，则城之西部无险可守，奸寇易滋。

就饮水问题，若西湖占塞，水脉不通，则一城百姓将复饮咸卤。

从补充水源而言，若西湖占塞，则运河枯竭，影响杭州百姓的生计及社会安定。

从灌溉来说，若西湖占塞，无水以救亢旱，千亩良田无所仰赖。①

光几点浚湖理由自然还不够，还得有详细方案、具体预算。用工多少？每日用夫7000名，共需152天完工。需要经费多少？预计需用银28728两。毁去田亩影响税收怎么办？土地如何补偿？杨孟瑛让通判朱麟勘量湖水旧界，清算所占田荡。浚湖毁去的田荡税粮930余石，用查出未申报税粮的970石置换，朝廷收入不受影响。土地补偿方面，毁去的田亩，用崇善、崇兴、禅智等废寺的万余亩腴田相抵，并免去补偿户的当年差徭。大量的淤泥如何处理？一是用船装运至昭庆寺、孤山等空地堆垛；二是增筑旧堤；三是另筑新堤，永为界线，杜绝重新侵占。②

一纸报告递上去，没有下文。又一纸报告递上去，还是石沉大海。接着再递。最终，在巡按浙江监察御史车梁、提刑按察使佥事高江的支持下，提案得以转奏朝廷，得到部议许可，最后经圣旨批准。

---

① 钟毓龙《西湖》（《说杭州》第四章）。
② 陈文锦《再造功臣》（《西湖一千年——中国传统文化的经典之作》第六章）。

而此时，已经是杨孟瑛出任杭州知府的第5个年头了。

五

正德元年（1506）二月二，龙抬头，春耕节，一个春光明媚的好日子。

这一天，杨孟瑛已经等待得太久太久。

在众人注视的目光中，杨孟瑛紧紧腰带，撸起袖子，强抑着激动，挥下了疏浚西湖第一锹。7000名刚享受完春节、闹过元宵的民工，斗志昂扬，铲土、挑泥，挖渠，清笆，砍树，拆房……刚刚苏醒过来的西湖，成了人山人海的大工地。

六月十一日至八月十八日，因为暑热，工地停工。九月十二日竣工。实际前后费时152天的浚湖工程，用民工670万工，耗银23607两，清除田荡3481亩。[1]

湖面从苏堤以西，一直开浚到山麓为止。湖东长桥一带的淤泥，用于补益苏堤，增益苏堤高二丈，堤面拓宽至五丈三尺。湖西的淤泥，则筑为新堤。新堤基本与苏堤平行。后人为纪念杨孟瑛开浚西湖的功绩，将这条堤称为"杨公堤"。

堤上建了六座和苏堤六桥相仿的拱桥，俗称为"里六桥"，与苏堤六桥相衬相映，合称为"西湖十二桥"。明末清初杭州人胡潜《西湖竹枝词》赞云："十二桥头日半曛，酒垆花岸共氤氲。七香车内多游女，个个搴帘过岳坟。"[2]可见十二桥在当时之胜。

[1]〔明〕田汝成《西湖总叙》(《西湖游览志》卷一)。
[2]〔清〕翟灏等《里湖》(《湖山便览》卷三)。

第四章 保湖与废湖之争

杨公堤

此次疏浚整治规模之大、牵涉面之广，直追400年前苏轼浚湖，奠定了此后500年西湖的基本格局。在关键时刻挽救了西湖的杨孟瑛，堪称西湖的再造功臣。时人谓"湖有葑，苏去之；湖有梗，杨锄之"，称颂其复湖之功。①

工程总指挥杨孟瑛却没有一点完工的喜悦、成就了一件大事的激动，相反，他忧心忡忡。弘治八年（1495）入阁、当时世称"天下三贤相"之一的谢迁（1450—1531）为他背书，说："余观今之司牧，能留心民事如杨侯者，盖难得矣。"②即便如此，也难消杨孟瑛的隐忧。

六

整个浚湖过程中，反对的声音从未停止过。

① 陈文锦《再造功臣》（《西湖一千年——中国传统文化的经典之作》第六章）。
② 〔明〕谢迁《杭州府修复西湖碑》〔《西湖文献集成》（明代史志西湖文献专辑）〕。

得罪权贵是一方面。另一方面，从下定浚湖决心的那一刻起，自己就已经违背了当时"只做官、不干事"的官场潜规则，就已经成为众矢之的。一个人努力活成了他们不敢活的样子，也就冒犯了他们装模作样的人生。杨孟瑛心里一清二楚。

为了自保，为了随时迎接人生麻烦时刻甚至是至暗时刻的突然到来，杨孟瑛从一开始就十分注重收集"证据"。《开湖条议》《巡按车公奏复西湖状》等等奏议、文牍、文告，他都用专门的档案袋仔细、妥善地保存：万一哪天从堂上官沦为阶下囚，这些可都是为民办实事的呈堂证供啊！

浚湖完成后，他在这些资料的基础上，编成一卷《浚复西湖录》。书后附录谢迁所撰的《杭州府修复西湖碑》和潘府所撰的《杭郡守杨公重修西湖文》。

浚湖完工不到半月，九月廿五日，杨孟瑛煞费苦心地以"答客问"的形式，写了一篇《浚复西湖录引》，自问自答，再三申明自己不是开西湖，而是"复乐天、东坡之旧"，"孟瑛之心，亦二公之心也，故曰复其旧也"，声称自己不过是忠实地继续白居易、苏东坡的事业罢了，在白、苏范围之外，自己"无所与力焉"。试图拉白、苏两位最负名望的杭州市长为自己站台，占领道德高地，从而避免反对势力把早已准备多时的一桶桶、一盆盆脏水向自己迎面泼来。

然而，是福不是祸，是祸躲不过，脏水终究还是泼了过来。

工程开工没多久，正义感爆棚、自视永远正确的御史胡文璧（1460—1523）就口水喷上了天，弹劾他"开浚无功，糜费官帑"。这时候，明明许多官员支持他，关键时刻却没有人站出来说一句公道话，而是随大流，兴高采烈地抄着手看笑话。或许，在一心保自己乌纱帽的人看来，"兄弟，当时我可没有给你背后来一记'裤补刀'"，就算很对得起天地良心了。明武宗（1491—1521）虽不信，没有把他就地免职，却也要求他"量用民力，以终全功"。

因废田浚湖得罪了不少豪富的杨孟瑛，最终被诬害罢官回家。

不过，功过自在人心，群众的眼睛是雪亮的。稍晚于杨孟瑛的田汝成评价说："西湖开浚之绩，古今尤著者，白乐天、苏子瞻、杨温甫三公而已。"①

---

① 〔明〕田汝成《委巷丛谈》（《西湖游览志余》卷二十四）。

父子两代为保湖：
　　月落湖中霜满船[①]

一

沿湖居民，每于山麓沙滩度其可以为住基者，先行插柳，日渐填砌，数年后便可种植，又数年便可筑室，比比皆然。有傍岩依污而种荷者，有缘堤截汇而蓄鱼者。

清代萧山义桥人於士达《湘湖考略》的一段文字，详细记载了湘湖被蚕食、侵占的过程。

从杨时筑湖，300多年过去了，河道涵洞阻塞，湖底淤泥淤积，人为围湖垦种，取湖泥烧砖制瓦，让湘湖湖面日益缩小，蓄水量大不如前。尤其是湘湖巨富孙全、吴子信，成为侵占湘湖的最大既得利益者。

作为"九乡水仓"的湘湖，"乃九乡衣食之源，亦九乡性命之本"[②]，有人侵占，当然就会有人反侵占。77岁告老还乡的前南京吏部尚书魏骥，成了反侵占的急先锋。整治湘湖的主要工程，是清退豪强所占湖田并加以疏浚。耄耋之年的魏骥，邀集乡绅父老商议复湖大计。大家一致认为应做两手准备，两手都要硬。先礼后兵，

[①]〔清〕孙允文《映雪堂湘湖八景诗之湖中落雁》(《湘湖诗词》)。
[②]方晨光《湘湖形成与水利效益》(《湘湖史》第三章)。

第四章 保湖与废湖之争

跨湖桥（"澄湖云黯杂菰苔，十里波光一小桥。"——〔清〕毛万龄《游湘湖》）

先说服，后惩处。明景泰四年（1453），在魏骥的建议下，萧山县丞主持了一次清占，勒令侵占湖田的张伏义等人退田还湖，并按亩罚谷，共罚谷1600多石，用以赈济饥民。成化年间（1465—1487），魏骥又推动了一次更大规模的清占，共清出占田7318亩。①

拖着老迈之躯东奔西跑的魏骥，终于干不动了。在即将走完98年的漫长人生之际，他把自己所著的《水利事迹》一书传授于忘年交何舜宾（1427—1498），叮咛他："占田未清，病根尚在；革命尚未成功，同志仍需努力。"

何舜宾接过接力棒，慷慨表示："我不能整治京师

① 周新华《耄耋魏骥护湖》（《湘湖记忆》第三章）。

沟渠，当来治理湘湖！"

二

何舜宾能说这样的话，有他的底气在。

何舜宾为人正直，为官清廉，遇事敢言，明宪宗成化十年（1474）前后至成化二十二年间（1486）担任南京湖广道监察御史，不惧权贵，为被诬告的钟玘、覃重等人雪冤，惩治贪官，由此权贵敛迹，地方太平，南京人送"何静街"之诨名。然而，好人没好报，得罪了朝廷高官的何舜宾，最终被流放广西庆远卫，成化二十三年（1487）被赦免回到老家萧山县城崇化里。①

弘治（1488—1505）初年，湘湖侵占现象已经非常严重，孙全、吴子信、汪辀、韩称等豪强占有大量湖田。前监察御史何舜宾决心清湖的消息，让他们闻风而动，商量对策。贿赂勾结当时的萧山知县邹鲁，便成为大家一致赞同的首选。

安徽当涂人邹鲁，也曾担任过御史，也曾敢说敢为。弘治九年（1496）贬谪为萧山知县后，不满朝廷人事安排的他，一肚子怨气全化作了戾气。私念像脱缰的野马拉着他奔向深渊，自甘堕落，成为金钱、资本围猎的对象。他不仅自我解嘲为"萧然逐客"，还将"牧民堂"改作"寄豸堂"，作威作福的心态昭然若揭。②

土豪一上门，邹鲁喜盈盈。

经过仔细调查取证，何舜宾把孙全、吴子信等人的占湖事实一一写入奏本，报告县衙，并要求县衙继续向上级禀报。

①朱淼水《何舜宾护湖献身》（《湘湖人物》）。
②蔡堂根《何舜宾父子传奇》（《湘湖史话》第五章）。

欲加之罪，何患无辞？早已与土豪同穿一条裤子的邹鲁，诬称何舜宾盗用官印，越级上访；又诡称朝廷没有发赦牒给何舜宾，何舜宾系从广西庆远卫私自逃回，应押回原卫查核。邹鲁将何舜宾的"罪行"向上司告发并请求惩治，被上司驳回。

何舜宾的门生、广州府学训导童显章丁忧回乡，邹鲁设宴款待。席间，不知何、童关系的邹鲁，聊起前御史何舜宾"造谣生事、破坏稳定""偷盖官印""无牒逃回"等"斑斑劣迹"，便愤愤不平，希望童显章帮着出出主意："大家头脑风暴一下，到时刮一点风暴让何舜宾尝尝。"

好家伙！童显章噌地站起，亮明与何舜宾的师生关系，竭力为老师辩护。辩护完，鼻腔哼一声，拂袖离席。

都是前期调查工作不到位惹的祸。邹鲁端着酒杯的手尬在了半空。一杯美酒下肚，酒精燃起，全化作了熊熊心头火：小子，你摊上事了，摊上大事了！对待县官老爷如此简单粗暴，拿豆包不当干粮，拿县官不当干部，哼，本干部马上就会黄连剁馅儿包饺子，让你有得苦头吃！

"宁可得罪君子，切莫得罪小人"的古训又一次应验了。你回乡守墓，我就告你盗墓。

接到"群众举报"，说童显章"掘冢、占仓"。邹鲁立马把童显章逮捕下狱，以绞刑论处，呈请审批。上级认为案件事实不清、疑点众多，发回重审。

一计不成，又生一计。邹鲁暗中盼咐衙役、土豪如此这般，声称要把童显章押往绍兴府审理。快要经过何舜宾家门口时，押解差役故意放松看管。不知是计的童显章，误以为有机可乘，可以向老师揭露邹鲁的阴谋。孰知他前脚刚跨进何舜宾家门，蜂拥而至的衙役就破门而入，二话不说，锁上何舜宾、牵上童显章就走，同时劫走何舜宾准备好的奏章、赦牒等。

县衙里，以刀俎自居的邹鲁，把何、童俩鱼肉各打40大板后，将童关押，等候判决，将何戴上枷锁，押送广西庆远卫。

这明显是不拿命来不罢休的节奏。

于是，充军路上谋害林冲的经典桥段又上演了。所不同的是，这一回，野猪林里没有"拳打镇关西""倒拔垂杨柳"的刎颈之交鲁提辖鲁智深。

临行前，邹鲁授意押送衙役任观等11人在途中结果了何舜宾。在土豪的极力撺掇、支持下，为保万无一失，几天后又派出宗亲族人田敏、胡纪等13人。

由24个年轻小伙、精壮汉子组成的豪华阵容，要对付的，只是一个身披枷锁、形容憔悴的72岁老人，足见"狮象搏兔，皆用全力"的古训，大家牢记心头。

后援团队在衢州赶上了押送队伍。到达玉山县城后，本可沿信江乘船西行，一帮人偏偏弃船步行。夜宿余干县昌国寺时，一路极尽虐待、折磨之能事的押解人员，凶相毕露，一拥而上，七手八脚，摁住四肢，压住躯体，用湿衣服捂住何舜宾口鼻，将其活活闷死。

事后，衙役持着公文到当地衙门报告。忤作验尸，认定绝非与押解人员"躲猫猫死"，而是年事已高、长途跋涉"劳累死"。以此论结，随便找了个破木柜，路边草草一埋了事。

前监察御史、湘湖捍卫者何舜宾，在黑恶势力的疯狂进攻下，最后竟沦为一名"路倒"。

时值弘治十一年（1498）七月，水稻灌浆时节，正是湘湖天天分水灌溉九乡农田的时候。

三

权力是男人最好的春药，权力还是魔力致幻剂。

觉得在萧山这一亩三分地上再无人敢反对自己的邹鲁，陷害何舜宾的同时，派出衙役抓捕何舜宾家人，必欲斩草除根而后快，不给何家翻盘的机会。

当邹鲁与土豪朋友们觥筹交错、喜气洋洋地喝酒庆功之际，何舜宾小儿子何竞（1468—1514），正背着年迈的母亲朱氏、带着怀孕的妻子虞氏，惶惶然如丧家之犬，窜身荆莽，亡命天涯，凄风苦雨地奔波在逃亡的路上。

先是三天三夜逃到萧山长山姐姐家。姐夫富玹是当地很有名望的人，曾为官福建按察使司分巡道佥事。捕快追踪而至，何竞和家人只得再次跑路，连夜由坎山渡钱塘江北上。

这次他们逃亡的目标是江苏常熟王鼎家。

王鼎与何舜宾为成化五年（1469）同科进士。何舜宾任南京监察御史时，王鼎是南京刑部刑曹郎，两人友谊深厚。当时王鼎已由广东布政使司参政致仕回家。

安顿好家人后,何竞想只身前往保护父亲,还没出发,噩耗传来,悲痛欲绝。

行走江湖几十年的王鼎对他说:"父仇未及报,不慷慨议大事,却像个儿女家哭个不停,有用吗?"

何竞擦干泪水,扑通跪倒:"请伯父教我复仇之计!"

王鼎的计策只有一个字——"忍":如今形势,群凶相附,如鸷鸟下击而毛张;群凶卫鲁,如母狗之卫幼犬。一介书生,独行无辅,焉能成功?

何竞心有不甘:"然则杀父之仇何时得报?"

生死之外,皆是擦伤。现在面对生死这个大伤,当然得慎之又慎。在王鼎的开导下,何竞继续藏匿王家,等待时机。

四

大半年后,机会来了。

邹鲁升任山西按察使司佥事的消息传来,王鼎认为报仇时机成熟了,教何竞回老家依靠族人的力量,报仇雪恨。

清明过去没多久,何竞悄悄回到了萧山,躲在族长何宁家。

何宁准备了两三桌菜肴,邀请族人饮酒。酒至半酣,何宁叹气:"邹贼将去,何竞不知亡匿何所,御史大仇未报,奈何?"

原本热烈的酒桌气氛一下子降到冰点。

何宁继续:"诸君皆御史故人。御史何人交最厚,何竟必匿其所,呼之犹可及报也。"

大家都低头沉思。有人说:"太迟了。倘若何竞在,执戈向前,难道我们会不紧跟其后帮着报仇?"

众人纷纷附和,慷慨激昂,有的咬牙切齿,有的以手拍案。

何竞从屏风后跳了出来,跪地深拜。

歃血定盟。

弘治十二年(1499)四月初二,邹鲁去杭州领取调任文书的日子。

一大早,何竞和二三十族人就出发了。人人穿白衣、戴白帽,腰系稻草绳,手执棍棒,脸上满是"风萧萧兮易水寒,壮士一去兮不复还"之悲壮。他们清楚,自己的人生,从这一天早上开始,就不一样了。

众人埋伏在湘湖边的陈习园。

先放过随从。当邹鲁乘坐的轿子经过时,几十人高举棍棒,呐喊着从隐蔽的破墙后冲出来。轿夫、随从四散逃命。前一秒钟还八面威风端坐轿中的邹鲁,后一秒钟已经被摁在地上疯狂摩擦。棍棒齐下,一顿胖揍。何竞骑在杀父仇人身上,抓着铁尺捣蒜泥一般直捣其双眼。

多少回悲伤、无助、痛苦泪水汇成的愤怒洪流，多少个不眠之夜焦灼、煎熬、仇恨汇成的复仇怒火，很快将仇人双眼杵瞎。痛骂声、哀嚎声中，"邹贼"须发被薅羊毛一般一把把薅光。

善恶有报，天道轮回。专业割韭菜，哪承想有一天被人家薅了毛发！

路旁围观群众数千人。

牵着邹贼，投案自首。

上书刑部，朝野震惊。

五

邹鲁旧党、按察使司分巡道金事萧翀负责审理此案，严刑逼供，企图逼迫何竟服罪。

"你一个老百姓怎么能打县官？"

"我眼里没有县官，只有杀父仇人！"

"大胆刁民，敢如此与本官说话！难道你不怕死吗？"

何竟陡地站起："我犯险报仇，还怕死吗？所以不当场杀鲁，是因为群贼杀父，有造谋指使之贼，有操刃从事之贼，有辅翼相成之贼，所仇者众，杀一人不足以平我心头之恨。""大人不罪杀人之贼，反以报仇者为罪，大明还有王法吗？还有法律吗？""我已让人赴京告状，将案情上达天子，此身亦非尔所能想杀即杀！"

说着，怒目圆睁，咬牙切齿，狠狠一口咬下自身左臂上一大块肉，双手捧着，趋前两步，往萧翀面前一掼，满口血水，喷到案上。

满堂大骇。

萧翀跳起。

邹鲁摸索着，引手摩案，欲攫其肉吞之。

萧翀哀叹："彼其气如是，是肉固非尔所能食矣。"

三堂会审。郎中李时、给事中李举、巡按御史邓璋，官官相护，"多蔽鲁"。田敏、胡纪等杀人者彼此串供，隐瞒实情。一审判决：邹鲁主谋杀人，论绞；何竟百姓殴本属长官致残，论绞。

何竟母亲朱氏赴鼓院击鼓鸣冤。

邹鲁使人赴京讼冤。

大理寺正曹廉、巡按御史陈铨复审。曹廉问："何竟，奈何殴县官？"

何竟涕泪交下，答："我不光殴之，直欲杀之。所以不杀者，上尊朝廷，此狱谋陷深隐，非廉明法司不能察其情；不然，杀父之仇，不共戴天，我时时刻刻恨不得啖其肉饮其血，哪里会因殴县官之名就不报仇雪恨了？"

案情疑而难决。

参与者任观，良心发现，同情何竞，当庭供述事件始末，并出示何舜宾被害前托付给他的血书一封。案情由此大白。①

之前在邹鲁诈计下，何竞兄长何棘已将父亲载榇归葬。在杭州卫指挥佥事李林、萧山知县杨铎监督下，开棺验尸，滴血渗骨以验真伪。

刑部尚书闵珪、都察院左都御史戴珊、大理寺卿杨守正等终审。最终判决：邹鲁蓄意谋杀人命，按律当斩，秋后处决；田敏、胡纪帮凶杀人，绞；其他胥役及土豪宗亲冒充差役者，充军；何竞充军福建福宁卫；族亲何宁等大都充军。

六

通过这次血与火的较量，孙全、吴子信等土豪原本的嚣张气焰顿时收敛，清出久占官田1682亩，瓦窑和房屋210间，尽复为湖。

被蚕食得千疮百孔的湘湖，又恢复到杨时创湖之初的面貌。

弘治十三年（1500），福建莆田人、萧山知县杨铎"据案勒石，以鉴诫将来"，"至今一百七十年，无有敢举耜于湖中者"。

明武宗继位，照例大赦天下，何竞被赦归故里。

自为父报仇之后，何竞一直披麻戴孝。赦归萧山后，坚持如此。有人问缘故，则流泪不止，因此被人称为"何孝子"。②

---

① 〔清〕悔堂老人《孝行》（《越中杂识》下卷）。
② 周易藻《明乡贤孝子何公竞》（《萧山湘湖志》卷六）。

萧山湘湖（"一曲湖山漾碧流，湖光山色两悠悠。"——〔清〕任琦《湘湖晚秋》）

不交友，不走亲。一个人，久久地坐在湖边，看着湖面发呆，成了何竞的标签。

心有猛虎，细嗅蔷薇。恩仇之后，泪流满面。

七

父亲壮烈殉"湖"，儿子矢志报仇，何舜宾、何竞父子舍命保湖，演绎了一段关于湘湖的热血传奇。江湖上已没有父子俩的身影，却开始流传父子俩的传说。从明朝嘉靖年间（1522—1566）开始，陆续有人将何案中的几段惊险情节改编成传奇、戏文等文艺样式，在坊间流传。

在何舜宾遇害19年、何竞病逝3年后的明武宗正德十二年（1517），何氏父子被袝祀于专祀杨时、并祀魏骥的德惠祠。①

① 〔清〕悔堂老人《祠祀》（《越中杂识》上卷）。

清康熙二十年（1681），何竞入祀乡贤祠。

康熙四十九年（1710），何氏父子又被迎入为奉祀四名宦（南宋萧山县丞赵善济、南宋萧山知县顾冲和郭渊明、明朝萧山知县张懋）四乡贤（何舜宾、何竞、南京工部尚书张嶲、福建按察使司分巡道金事富玹）而建的报功祠（俗称"八贤祠"）中。

萧山城厢镇人、清初文学家毛奇龄在《何孝子传》中说："邑之有湖，创于龟山（杨时），复于文靖（魏骥），而终以其身为廓清者，御史（何舜宾）也。"①

后人感慨系之，每每以诗感怀，譬如傅以言的《过湘湖怀何孝子》：

久传奇孝古无俦，生不诛奸死不休。
春水满湖人子血，秋风乱冢土豪头。
一官邹令甘雁辟，九世齐襄痛复仇。
功在乡邦名在史，荒祠凭吊且勾留。②

譬如傅鼎颐的《盛家港怀何孝子》：

想见当年陈习园，亲朋都着白衣冠。
拔须瞳眼人休讶，斩得仇头方报冤。③

学者专家分析湘湖历史，认为湘湖自1112年开辟以来，18世纪是一个分水岭。此前的6个世纪，湘湖是忠良与奸佞、贞洁与卑污、公德与私欲之间战斗的舞台；18世纪后，生态、公众权益和科技等因素，开始成为重要的内容而出现在这场斗争中。进入20世纪以来，湘湖的命运又开始与国家政治的发展、科技和生态的现实情势紧密地联系在一起。④

---

① 周新华《何氏父子护湖传奇》（《湘湖记忆》第三章）。
② 〔清〕傅以言《过湘湖怀何孝子》（《萧山湘湖志》卷七）。
③ 〔清〕傅鼎颐《盛家港怀何孝子》（《萧山湘湖志》卷七）。
④ 〔美〕萧邦齐《九个世纪的悲歌——湘湖地区社会发展变迁研究》。

第五章

一图一咏总关情

西湖图：图将好景归去夸

湖光潋滟 HANGZHOU

一

大运河、钱塘江，一纵一横，构成了杭州的骨架。钱塘江横亘在南面，城市只能向北拓展。这就开始了城市从南、东、北三面向西湖全面靠拢的态势。渐渐地，城傍湖、湖傍城的新格局就形成了。西湖从人迹罕至的"仙灵所隐"之地走向了烟火红尘的世俗人间，与城市相伴相依，紧紧地连成一体。

湖泊之静，碧波盈盈；江河之动，猛浪若奔。和谐，流动，呼应，映衬，城湖一体，山水相连，氤氲出江南城市特有的灵气，勾勒出江南城市难得的大气。

西湖之妙，妙在近处城边，"涌金门外即瑶池"，抬脚即到。让身居闹市的人，随时可以关闭熙来攘往、柴米油盐的人间烟火模式，开启悠游湖山、餐霞漱瀣的闲云野鹤模式。两种模式切换之间，只隔着一份心情的距离。文人墨士们或策马，或骑驴，或步行，或独自一人，或三五结伴，船头载酒，湖上荡桨，醉入荷花，卧看鹭飞。燕尾点清波，萍香入画船。春水碧于天，画船听雨眠。西湖偌大一个湖面，春花秋月，朝昏晴雨，四序无不相宜；

第五章 一图一咏总关情

山不高而多逶迤

悲喜忧乐,旦暮时岁,日夜皆可勾留。"如此风光莫虚度,人生只合老杭州。"岁岁年年,暮暮朝朝,温婉秀丽的西湖水,"真山真水真画图,一片玲珑玉",成了天地逆旅里的行人们的温柔乡,成了寄情山水的文人们的锦绣窟,也成了达官贵人、富商大贾们的销金锅。

　　湖可挖,山不可堆。西湖之妙,妙在三周是山,且"山不高而多逶迤"。天目山蜿蜒东来,重峦叠嶂。"湖边为问山多少?每个峰头住一年",早就有古人萌生这样的想法。有山就有树,有山就有泉,有山就有岩壑洞涧,有山就方便建亭台楼阁、宫观寺院。山离城近,抬

175

水不广而多分割

脚便可进山,也可随时下山。"在郡六百日,入山十二回。宿因月桂落,醉为海榴开。……寺暗烟埋竹,林香雨落梅。别桥怜白石,辞洞恋青苔。"或山中赏花,或寺里问禅,在白居易眼里,山中之乐无穷。兴致盎然的刘一止(1078—1160)也深有体会地说:"度岭穿松心未厌,好闲翻为爱山忙。"热心肠的辛弃疾(1140—1207)关照道:"说与西湖客,观水更观山。"朴学大师俞樾(1821—1907)则干脆认为:"西湖之胜,不在湖而在山。"

西湖之妙,妙在"水不广而多分割",让人的视线随时有着落点。若是像太湖、青海湖那般烟波浩渺,广则广矣,目光却总是无处栖息,让人徒生个体渺小、心无所依的怅惘。争暖树的早莺,啄春泥的新燕,在湖边起起落落。迷人眼的野花，没马蹄的浅草，春天的信使一般热热闹闹。抬头空中，低头堤岸，目光所及，皆不空洞，时有惊喜。

西湖之妙，妙在水体不深，让人可亲可近，不会像赛里木湖、贝加尔湖那般因为深不可测而使人时时产生担忧乃至惴惧之感，更不必担心风大浪急掀翻游船。泛舟，采莲，垂钓，因为大可放心，更容易引发诗情。

西湖的这一汪碧波，汇群山雨水，聚万壑清泉。在普通游客看来，大概也寻常，也一般：清澈罢了，水光潋滟罢了，"淡妆浓抹总相宜"罢了。可在文人士子这样的审美主体观照下，西湖这一湖水，可以是白娘子眼里淌出的多情的泪，可以是十里春风、三秋桂子酿出的浓酽的酒，可以是江南烟雨的渊薮，可以是春天这个季节做梦的温床，当然，更可以是诗词歌赋创作的灵感源泉。

福建莆田人陈旅（1288—1343），于元元统二年（1334）出任江浙儒学副提举。雅好湖山的他，意有所属，便乘兴独往西湖，流连一整天。一旦来了灵感，跳起脚来就往回跑，一路狂奔。一介文弱书生顿时成了一名运动健将。为了那些滚烫的临产的文字，像急着产蛋的母鸡涨红了脸找产房一般，也是拼了。①

有了这一湖水，可泛舟湖上，可盘桓岸边。西湖的一湖柔水，让江南人的怜爱、呵护之心有了实实在在的对象。春观桃柳夏赏荷，秋吟明月冬看雪，湖上韶光似酒浓，总让文人士子觉得不光只让自己尽兴、不负芳华，还得踵武前贤，有责任有义务地歌咏西湖、赞美西湖、传扬西湖。

"整顿兰舟载春去，莫教鸥鹭笑来迟。"西湖水催生

① 〔明〕田汝成《才情雅致》（《西湖游览志余》卷十一）。

生态西湖（"整顿兰舟载春去，莫教鸥鹭笑来迟。"——〔明〕刘泰《约苏文定泛湖》）

诗情，让文人的胸中锦不断地化作笔端花。

二

明正德年间（1506—1521）流寓杭州的关中人孙一元（1484—1520），18岁那年辞家入太白山隐居，因而自号"太白山人"。这位与诗仙李白名号仿佛的西北士子，是位美髯公，须长面白[①]，"丰仪潇洒，望之宛然神仙也"[②]。

他经常骑着一头瘦驴畅游湖山。在遍游名胜、足迹半天下的他眼里，西湖无疑是最值得流连的胜景之一。

正德十年（1515）正月十四日，天朗气清，孙一元偕诗友石川子泛舟西湖。石川子着方山冠，孙一元戴华

---

①〔明〕王世贞《艺苑卮言》（《历代诗话续编》）。
②〔明〕田汝成《才情雅致》（《西湖游览志余》卷十一）。

阳巾，穿高士服。忽然想起当年人红是非多的李白于流放夜郎途中与尚书郎张谓（约711—约780）等同游沔州（治所在今湖北武汉汉阳）南湖，因张谓之请，改南湖为"郎官湖"。追迹前事的孙一元，忍不住高声倡议，要把西湖改名为"高士湖"。石川子听了大笑，模仿李白当年豪兴，举酒酹湖，叫他作诗记之。时已烂醉的太白山人孙一元，出口成章，不易一字：

> 我闻唐家李白一世贤，郎官之湖至今传。
> 我今与子继其迹，胜事岂许昔人专？
> 方冠野服兴不浅，驾船载酒凌苍烟。
> 千山万山两岸如群龙，蜿蜒尽在几席前。
> 青天落杯底，白日行舟边。
> 鼋鼍突兀波面出，大鱼小鱼争避船。
> 君把斗酒，我歌扣舷。
> 天风下来，云叶翩翩。
> 烂醉骑鲸，游昆仑巅。①

胸襟阔大，言辞放达。诗才凌厉腾踔，下笔酣畅淋漓。全诗意境雄伟，气象峥嵘；形象辉煌奇特，缤纷绚烂。看他"青天落杯底，白日行舟边"的奇幻壮丽，直追李白"半壁见海日，空中闻天鸡"的华赡恣肆，大有太白遗风。

为人处事坦荡率真，赋诗作文气象万千。是一泓西湖水，让文人变得激情洋溢、才思泉涌；是无数笔端花，让西湖更加意象丰赡、神秘莫测。文人的诗心，映照出西湖的温婉柔软；西湖的烟波，成就了诗文的优雅流丽。

不过，"西湖"之名从唐开始，历五代、宋、元，早已约定俗成、名闻遐迩，随着时间的推移，那些曾用名，"武林水""金牛湖""明圣湖""石函湖""上湖""钱塘湖""放生池""销金锅"……②——封存进历史档案，

---

① 〔明〕孙一元《泛高士湖》（《太白山人漫稿》卷三）。
② 钟毓龙《西湖》（《说杭州》第四章）。

不再被人提起，所以孙一元一时兴起的改名之举也就成了文人间的一次雅玩而已，"高士湖"一名，鲜有人知。

三

明代杭州风气，士大夫大多喜欢醉歌。断桥是其中一个网红打卡地。

明末天启五年（1625）七月十五，中元之夜，皓月当空，20出头的陈确（1604—1677），无意间与忘年交董缵绪邂逅于断桥之上。良宵忘载酒，偕游清兴长。他乡遇故知，开心你我懂。表达这份开心的，唯有歌咏。于是两人坐于断桥栏杆之上，朋友歌，陈确奏。歌者，歌的是自己即兴发挥的歌词；奏者，奏的是自己随身携带的一管洞箫。

莫逆之交的两人，出口不凡，声震林木。熙熙攘攘的游人，听佳音纷纷停住脚步；叫呼嘈杂的吟者，闻雅乐戛然停止喧闹。桥头、岸边、船上，所有的耳朵，在这一刻全都安静下来。波平如镜的湖面上，画船一艘接一艘靠拢过来。趋之若鹜的文青、愤青、佛系青们，早已习惯了这样随时随地的随机演唱会。

断桥成了舞台，圆月就是聚光灯。

老者歌，金声玉振，振聋发聩，起起伏伏的往事，全吟成了平平仄仄的韵律；少者箫，如怨如慕，如泣如诉，点点滴滴的心事，都化作了高高低低的惆怅。

皎洁的月光下，大家一个个听得如痴如醉。

一曲终了，数百人同声赞叹。

秋日西湖（"只言山色秋萧索，绣出西湖三四峰。"——〔宋〕杨万里《秋山》）

月明如水，歌声如诉，箫声如咽。余音袅袅，不绝如缕，如鸣佩环，婉转悠扬。听众意犹未尽，有的侧耳，有的引颈，有的踮脚，满心期待着下一曲。两位表演者却站起来，相视一笑，旁若无人一般，飘然远去。

很多年过去了，穷困潦倒地隐居海宁乡下的陈确，还清晰地记得与朋友在断桥上歌箫相和的那个月圆之夜。回首往事的他，忍不住写了首《断桥感怀》一抒慨怅：

十二年前坐断桥，清风明月夜吹箫。
调高和寡意常得，船散湖空兴独饶。
白发故人头上满，红颜昔日梦中遥。
如今又让他年少，画舫笙歌醉彻宵。①

四

西湖中元胜会、中秋胜会的风俗流传了好多年。

张岱《西湖七月半》一文，详细地记载了当年西湖中元胜会人山人海的盛况："一入舟，速舟子急放断桥，

---

①〔清〕陈确《断桥感怀》（《陈确集》诗集卷七）。

赶入胜会。以故二鼓以前，人声鼓吹，如沸如撼，如魇如呓，如聋如哑，大船小船，一齐凑岸，一无所见，止见篙击篙、舟触舟、肩摩肩、面看面而已。……月色苍凉，东方将白，客方散去。"张岱与一帮文朋诗友，则干脆放舟"酣睡于十里荷花之中，香气拍人，清梦甚惬"。①

中秋这天，人们呼朋引伴来到西湖边，白天游湖、踢球，晚上鼓乐、醉歌。"灯烛华灿，竟夕乃止。"②表演的，运动的，观赏的，里六桥，外六桥，到处人头攒动，直至半夜方散。明末清初杭州人胡彦远就曾用"西湖胜事在中秋，十二桥边看蹴球。箫鼓阑珊山月晓，何人水调唱歌头？"③这样的竹枝词记录下当时热闹的场面。

南宋作家周密（1232—1298）在《西湖好处》一文中记载：

> 江西有张秀才者，未始至杭，胡存斋携之而来。一日泛湖，问之曰："西湖好否？"曰："甚好。"曰："何谓好？"曰："青山四围，中涵绿水，金碧楼台相间，全似著色山水。独东偏无山，乃有鳞鳞万瓦，屋宇充满，此天生地设好处也。"④

西湖给人的第一印象，就是一幅"湖＋山＋城"的天然山水画卷。

毋庸置疑，白居易是歌咏西湖的开山鼻祖。白居易之后，你到了西湖、游了西湖而不写写西湖，就难免会生发类似尚书郎张谓说的"枉践佳景"之愧疚感。

传扬西湖，除了歌咏，还可以画图。而西湖图的创始人，恰恰是文章太守白居易。

---

①〔明〕张岱《西湖七月半》（《陶庵梦忆》卷七）。
②〔宋〕周密《中秋》（《武林旧事》卷三）。
③〔清〕胡彦远《西湖竹枝词》（《西湖志》卷四十一）。
④〔宋〕周密《西湖好处》（《癸辛杂识》续集下）。

五

唐长庆三年（823）初冬的一天，帝都长安，水部员外郎张籍收到了杭州刺史白居易寄来的一件快递。打开包裹，是一幅画，画上还配了一首诗。诗，张籍不稀奇，白居易绝非仅仅是朋友圈里的"点赞之交"，而是性情相投的好友，两人经常彼此唱和；画，却引起了他的极大兴趣。这是一幅山水画，是白居易特意找来杭州有名的一位画师，费了许多时日细细地写生西湖风光，才最终完成的一幅西湖全景图。

这，大约是西湖第一次以图画的形式呈现在世人面前。

画纸选用由拳山藤纸。早在三国吴大帝孙权时（222—252），余杭南湖西岸中泰乡由拳村出产的由拳山藤纸，就已经初负盛名。由拳山藤纸以野生藤皮或桑皮合石灰煮烂，舂捣极细抄成，是我国传统书画用纸之一，以洁白莹润、柔软坚韧、受墨耐温、不易虫蚀等见长而名闻天下。唐开元年间（713—741）列入贡品，入贡历史逾千年之久。①

摩挲着细腻的纸张，欣赏着美妙的湖山，"乍惊物色从诗出，更想工人下手难"的张籍，直呼"亮瞎了，我的眼"，给白居易大大点了个赞：想不到杭州还有个西湖，西湖竟如此这般迷人。

张籍生于和州（今安徽和县），少年时代在苏州一带度过，成年后入仕前曾四处漫游，到过湖州、杭州、越州。西湖之美，张籍却从未领略乃至听说，足见西湖在白居易之前名声之低、影响之小。

---

① 黄世泽《由拳山藤纸》（《南湖风情》）。

独乐乐不如众乐乐。被西湖圈了粉的张籍，准备酒肴，邀请三五好友、同僚到家中饮酒、赏画。众人一见之下，对西湖湖山风光也是赞叹不已。再对应白居易的配图文字，更让京官们对杭州、对西湖心生无限向往：

> 澹烟疏雨间斜阳，江色鲜明海气凉。
> 蜃散云收破楼阁，虹残水照断桥梁。
> 风翻白浪花千片，雁点青天字一行。
> 好著丹青图写取，题诗寄与水曹郎。

北方干旱少雨，一到秋天，寒风萧瑟，一片枯杀。从长安往北数百里，"胡天八月即飞雪"。而白居易所待的江南、杭州，秋景迷人。站在凤凰山郡衙高楼上极目远眺，但见：雨过云收，彩虹尚存，"澹烟疏雨间"，夕阳余晖；江面经雨水一洗，新鲜明净。"风翻白浪"，秋风拂过湖面，卷起西湖波浪，碧水成白花，"翻"字以诗情作画，写得生动；"雁点青天"，鸿雁如字书写蓝天，点缀高旷秋空，雁阵如诗行，"点"字以画笔入诗，下得有神。一翻一点，秋江秋湖顿时有了无限生意。玩味诗题（《江楼晚眺，景物鲜奇，吟玩成篇，寄水部张员外》），说"景物鲜奇"，信不虚也。

余霞成绮，澄江如练，碧湖似镜。从图画里涌出来的秋高气爽、海风徐来、新凉宜人的惬意，在场的每个人仿佛都感受到了。

"青山隐隐水迢迢，秋尽江南草木凋。"人人尽说江南好、江南好，想不到江南竟是如此之好！从没到过江南的几个帝国高级知识分子，一会念念诗，一会看看图，一个个心向往之。"烟霞满纸"啦，"妙至毫颠"啦，"点屏成蝇"啦，"风骨峭峻"啦，赞誉满屋子飞。

一传十，十传百。长安城里，官员们闻讯而动。张籍一次次地摊开画卷，把西湖山水指点给他们看。后来，登门看画的人越来越多，张籍实在不胜其烦，干脆请装裱师把这幅画裱褙了，在书房里高高挂起。再有人来赏画，他只需轻松地拿根竹鞭指指点点即可，既省却了一趟趟展画收画的麻烦，又避免了把画作摊在桌上受众人指点时手上的汗液、激动时横飞的唾沫。

哪里是灵隐，哪里是孤山，哪里是吴山……随着讲解的熟练，无意中，张籍成了史上第一位西湖风景义务讲解员。

京城长安是全国最具文化实力和审美品位的士大夫集中地。士大夫们口耳传播，不经意间为西湖做了免费推广。金杯、银杯，不如老百姓的口碑。在没有电视、报纸、网络的古代，士大夫文人的口头、笔端，就是最好的自媒体。经由张籍、元稹、刘禹锡、张祜（约785—约852）、李绅（772—846）等朋友的酬唱、推介，西湖成了长安、洛阳京畿要地士大夫阶层的心头爱。由此滥觞，品题湖山，成为文人雅士的一种高尚的文化行为。

在西湖发展史上，这应该是一次重大历史事件，也是西湖"湖生"的一个重大历史转折点。从此，西湖结束了"藏在深闺人未识"的历史，跳出了一城一地的地域局囿，开始走出杭州，走出浙江，走向全国，走进世人视野的中心。①

张籍为人温和低调，但绝不是枯燥呆板的老夫子，木讷谆诚的外表下，掩藏着一颗热爱生活的少年心。有一阵子他非常痴迷杜甫的诗歌，一首接一首地抄，抄好之后一张接一张地烧，烧完了把纸灰仔仔细细地收集于一个陶钵中。尔后，蜂蜜拌纸灰，冲温水，搅匀，清晨

①陈文锦《白居易》（《西湖一千年——中国传统文化的经典之作》第三章）。

起床洗漱后空腹口服，一天一次，一次三匙。有一回正在精心调制的时候，被一个朋友撞见了。恰巧朋友是个养生迷，还以为张籍鼓捣出了什么最新的养生延寿仙方，两眼放光、一脸希冀地向他讨教。张籍一本正经地告诉老友："还是原来的配方，还是熟悉的味道。吃了老杜的诗灰，我就可以换上一副老杜的肝肠了！"①

广告主白居易没给一分钱广告费，宣传员张籍当然不会放在心上，但逮住机会调侃一下铁哥们儿，却是张籍乐意做的事。不久，他给白居易回了一条短信（《答白杭州郡楼登望画图见寄》），最后不忘揶揄一把当初自愿请求外放，朝廷批了又觉惆怅的白居易："见君向此闲吟意，肯恨当时作外官？"

六

原始岩画——岁月失语，唯石能言；看图识字——童稚启蒙，千年法宝……图画是最直观、最方便也是最久远的传播形式。

西湖山水图，传播时间之久，流布空间之广，影响范围之大，作为创始人，白居易肯定是始料未及。

每个中国人心中都藏着一个如诗如画的江南，而西湖就是江南的代表。许多人第一次站在西湖边，都会有似曾相识的感觉，都会有旧梦重温的迷惑，那是因为，我们许多人小时候就已经看到过不同载体的西湖山水图。

最常见载体要数既可阳春白雪又可下里巴人的折扇。炎热的暑天，一把折扇，扇面上画着西湖全景，三面青山，一泓绿水，清风徐来，仿佛风起于西湖的盈盈碧波，凉爽、惬意。只不过，年少无知的我们，不知道这就是

①〔后唐〕冯贽《杜诗烧灰》(《云仙散录》)。

西湖而已，或者幼年时看过，长大后印象模糊罢了。

苏轼就曾说自己刚一到杭州，顿时有似曾来过的错觉："前生我已到杭州，到处长如到旧游。"这是完全可能的。而这种可能性的产生，十之八九是因为西湖图画广为流传，估计苏轼很小就从折扇、山水画上看到过西湖全景图，只是他无从忆起而已。

经过一个多世纪的巧手打扮、苦心经营，南宋时的西湖，自然美景融进了建筑和园林的艺术美。秀丽的湖山风光，激发文人的创作热情，咏之于诗，绘之于画。

从中国绘画历史看，宋代绘画承接于五代时南唐和后蜀两地的宫廷画师，无论山水、人物、花鸟还是书法都在中国文化史上彪炳千秋。另外，城市文化生活的空前活跃，使得市民阶层对绘画的需求量快速增长，加之宋代帝王对艺术活动的热爱，民间绘画、宫廷绘画、士大夫绘画都各成体系，因而构成宋代绘画空前繁荣的面貌。

南宋是中国绘画发展的高峰期之一。绍兴二年（1132），宋高宗赵构（1107—1187）在望江门内富景园前复建了宫廷画院，成为杭州绘画活动的中心。画师们日日徜徉在西湖山水之间，西湖成了他们最佳的写生对象、最热衷表现的山水画母题。

南宋画与北宋画的区别，不仅是构图上从大山大水的"全景式"变成"边角之景"，笔法也从描摹物象转为抒发意趣，为元代的笔墨意趣埋下了伏笔。"北宋浑厚的、整体的、全景的山水，变而为南宋精巧的、诗意的、特写的山水。前者以雄浑、辽阔、崇高胜，后者以秀丽、工致、优美胜。两美并峙，各领千秋。"①

① 李泽厚《宋元山水意境》（《美的历程》）。

南宋的山水画,进一步摆脱了五代、北宋以来的全景式布局。"南宋四家"李唐(1066—1150)、刘松年、马远(1140—1225)、夏圭就是其中最著名的代表。世称"马一角"的马远、"夏半边"的夏圭,更擅长取局部之景,画不满幅,只画一角或半边景物,结合写实与写意两种手法,巧妙处理空间关系。这种"边角之景",描绘山之一角、水之一涯,"或峭峰直上而不见其顶,或绝壁直下而不见其脚;或近山参天而远山则低,或孤舟泛月而一人独坐"①,予人以玩味不尽的意趣。

以南宋宫廷画院画家为主体的突出表现,造就了西湖山水图在历史上的第一个兴盛期。宋理宗(1205—1264)以后,宫廷画院的画家,如马远、马麟、陈清波等,总结前人描摹西湖的经验,从五光十色的湖山美景中,截取最具代表性的画面加以渲染,"因景作画",并用四个字来概括画意,"因画名景"。此风一开,顿成画苑盛事。西湖风光经过朝野认可,在南宋晚期形成了"西湖十景"。②

七

造化钟神秀,湖山处处春。西湖风光,春来"夹岸桃花蘸水开"③,夏有"六月荷花香满湖"④,秋是"一色湖光万顷秋"⑤,冬则"雪晴天地一冰壶"⑥。这些概括固然传神,却不免失于普泛,换作形容别的湖几乎也能通用。

而一个个特写镜头般的"西湖十景",既涵盖了西湖春夏秋冬、昼夜晨昏、花鸟鱼虫的风物风情,又以小见大、具体可感、精湛细微地提炼出西湖的精髓神韵。

"柳浪闻莺""平湖秋月""雷峰夕照""南屏晚钟"……

---

① 〔清〕厉鹗《马远》(《南宋院画录》卷七)。
② 〔宋〕吴自牧《西湖》(《梦粱录》卷十二)。
③ 〔宋〕徐俯《春游湖》(《西湖志》卷二十二)。
④ 〔清〕陈璨《曲院风荷》(《西湖诗词选》)。
⑤ 〔宋〕孙锐《四景图·平湖秋月》(《西湖志》卷二十二)。
⑥ 〔元〕杨朝英《〔双调〕水仙子》(《西湖志》卷二十二)。

断桥残雪("湖旁积雪景堪描,占缀春寒属断桥。"——〔清〕留松裔《西湖断桥残雪》)

十景名称,音律美,结构美,意蕴美,将抽象的西湖文化具体化,以强烈的文化特色来强化人们对西湖文化的记忆。名自景始,景以名传。名中有诗,名中有画,以命名艺术之美点化自然山水。景名秀雅、柔媚、温润,独具花轻似梦、雨细如愁的江南文化气质,展现了地域的江南文化意蕴。

"苏堤春晓""曲院风荷""三潭印月""断桥残雪"等景名自此开始广泛流传,成为西湖乃至杭州的标识、颜值担当。

"西湖十景"的产生,最兴奋的要数文人,因为他们多了品评与歌咏的对象。南宋时已经产生了不少"西湖十景"诗词。如王洧有十景诗 10 首,张矩、周密、陈允平先后用《应天长》《木兰花慢》等词调,各写了十景词10阕，可算是十景诗词的一场热闹创作风潮。①

"西湖十景"的出现，是西湖发展史上一次里程碑式的华丽转身，标志着西湖人文美超过自然美的阶段已经开始，自此，人工创意取代自然风光成为主流。②

"西湖十景"的出现，是中国风景园林建设史上最具原创意义的大事件，影响极为深远。

"西湖十景"无疑是最早一组以"十个单体题名景观"组合而成的景观集群，直至今天仍是最经典、最完整、最具影响力的公共园林作品。

"西湖十景"开启了以"诗情画意"建设、改造自然风景的序幕，开创了极具中国特色的园林建设形态，并且成为中国园林建设的主流、历代争相效法的典范，至今流传。③

八

李嵩（1166—1243）的《西湖图》、夏圭的《西湖柳艇图》、陈清波的《湖山春晓图》，是西湖图中的佼佼者。

李嵩的《西湖图》，云烟清淡，山色依稀，构图十分独特。全图采用鸟瞰构图形式，将雷峰塔作为前景，中央大片湖面留白，六桥烟柳作为远景，双峰作为依稀的背景，右下方用显露的亭阁环绕西湖，从葛岭到南屏，景物一一可辨。清晨西湖常见的自然景色，经过画家的水墨渲染，显得更加空蒙明秀、气象万千。

800多年前的西湖，除了没有湖心亭和三潭印月，其他基本与今天差不多。"三朝老画师"李嵩这幅《西

①王荣初《暖风薰得游人醉 直把杭州作汴州——南宋西湖诗词》（《南宋京城杭州》）。
②③陈文锦《潮流催生"西湖十景"》（《西湖一千年——中国传统文化的经典之作》第五章）。

湖图》，未必是自古以来描绘西湖笔法最精妙的画卷，却是迄今为止发现最早的描绘西湖全景的画图，是现存宋代最完好的一幅描绘西湖全景的名作，是最能说明古代西湖全貌的作品。①

明朝开国皇帝朱元璋听说过西湖却从没到过西湖，这幅《西湖图》一慰他生平想念西湖之苦。欢喜不已的他，忍不住拈笔蘸墨，题跋一番：

> 朕闻杭城之西湖，今古以为美赏，人皆称之，我亦听闻，未见。一日阅李嵩之画，见《西湖图》一幅，其上皴山染水，界画楼台，写人形而驾舟舫，举棹攀桡，飞帆布网，抛纶掷钓，歌者音，舞者旋，管弦者则有笙簧觱篥。其湖也，汪洋汗漫。致玩景者如是，可不乐乎？②

作为放牛娃出身、没接受过九年制义务教育的帝王，朱元璋十分清楚自己的短板，平时很懂得藏拙，极少在公开场合秀才艺。《题李嵩西湖图》好像是人们所知的朱元璋对于绘画作品的唯一直接评论。这也从侧面说明这幅《西湖图》对后世影响之大。

九

明正德七年（1512），日本诗僧普福（一名答里麻）再次来到中国，慕名游览了西湖之后，由衷感叹道：

> 昔年曾见此湖图，不信人间有此湖。
> 今日打从湖上过，画工还欠着工夫。③

虽文字浅白，几近打油，而对西湖一唱三叹的倾慕之情，却跃然纸上。这也足以证明西湖山水在此之前就

---

① 王伯敏、洪再新《名家辈出　引导潮流——南宋画院》（《南宋京城杭州》）。
② 〔明〕朱元璋《题李嵩西湖图》（《南宋院画录》卷五）。
③ 〔明〕田汝成《熙朝乐事》（《西湖游览志余》卷二十）。

已经以图画的形式流传到了海外。西湖图有力地促进了杭州传统文化的传播，使西湖成为世人的向往憧憬之地。

打个不贴切的比方，西湖图作为杭州传统文化的重要组成和形象载体，以金名片的形式，很早就开始像美国好莱坞电影那样，文化输出、跨国传播了。

西湖图的广泛传播，自然引起了国际友人的关注。汉文化影响所及的国家，如日本、韩国、越南等地，西湖图的流播很早就开始了。在受其影响最大的日本，西湖图更是广泛流传。

日本"画圣"雪舟（1420—1506）仰慕中国山水画，作品广泛吸收中国宋元及唐代绘画风范。他消化宋元画，在遒劲秀拔的笔墨之中表现富于禅味的画趣。日本美术史上极重要的一个画派——百年来支配日本画坛的"宋元水墨画派"，到了雪舟而集大成。

明宪宗成化三年（1467），48岁的雪舟随幕府使臣的遣明船来到中国，从宁波登陆，游历名山大川。雪舟一生创作了大量有关中国山水的风景水墨画，其中著名的有《四季山水图卷》《唐土胜景图卷》等。

雪舟的《西湖图》，十分详细地描绘了西湖的风景，并且标明了部分景物的名称。西湖群山山势硬朗奇峻，局部的"边角之景"带有些许马远水墨山水画的气势。这幅《西湖图》，西湖被缩小了，孤山被放大了，本应看不到的寺院、房舍被密密麻麻地表现出来，看起来与实景西湖相去甚远。因此，后人认为这幅《西湖图》是雪舟看到的实景西湖与当时日本人梦想中的西湖相结合的作品。

雪舟在日本绘画史上的崇高地位无人能出其右。后世画家以雪舟的《西湖图》为基础蓝本，不断进行改造性的创造。

雪舟弟子秋月等观于明弘治九年（1496）闰三月在北京会同馆所作的《西湖图》，真实细致地描绘了钱塘、涌金、清波各城门，以及南北二高峰、天竺、灵隐、苏堤等景色，是其流传下来的少数作品中的代表作之一，现存日本石川县立美术馆。①

明朝恢复了宋朝的画院旧制，盛况不减于宋朝。明宣宗（1399—1435）时代有宣德画院，当时名家有倪端、戴进（1388—1462）、李在（1400—1487）、谢环（1346—1430）、石锐、周文靖等。明宪宗（1447—1487）的成化画院里有吴伟（1459—1508）、吕纪、吕文英（1421—1505）、王谔、林时詹等画家。明宣宗、宪宗和孝宗（1470—1505）都自己擅长绘画。世界上从古以来对绘画的看重，恐怕无过于此时的中国。雪舟来到中国，躬逢其盛。他到了北京，就向堪称宫廷画手第一的李在学习画艺。李在是南宋马远、夏圭一派的画家，正是日本的水墨画所宗的一派。②

雪舟生活的室町时代（1336—1573）是日本输入中国画高峰时期之一。入明僧侣纷纷携带本人或他人的作品，不远千里求取大明名缁巨儒所撰写的画赞和序跋，以及出自明人之手的塔铭、行实等文章。③与中国大明王朝往返交流下，大量"唐货""唐绘"传入日本。这其中自然包括西湖图。事实上，从15世纪开始，日本几乎每个历史时期的主要画派（如狩野派、云谷派）、著名画家（如狩野元信、狩野山雪、云谷等的、小泉斐）都曾将杭州西湖作为绘画的题材内容。日本各大博物馆收藏的15—19世纪的日本画家名画，以西湖为题材的竟有30幅

---

① 鲍志成《近通东瀛 远达西欧——元明清杭州的对外交往》（《元明清名城杭州》）。
② 丰子恺《雪舟的生涯》（《雪舟的生涯与艺术》）。
③ 〔日〕松浦章《序》（《明代中日文化交流史研究》）。

之多。①

十

歌诗图画与西湖山水相应激发，自白居易之后，渐成风潮。

西湖也早就变成了一幅图，安静地等待每一个懂欣赏的人来阅读。

嘉定人、明代书画家李流芳（字长蘅）（1575—1629），放浪于吴山越水，是西湖常客，所交文士多有画癖，"湖上友人爱余画，甚于爱山水，舍其真而求其似，余尝笑之。然余画无本，大都得之西湖山水为多"②。对于这些朋友，"无岁不至湖上，或一岁再至"的李流芳能做的就是"日以书画为役，手腕几脱"③。

李流芳曾为家住西湖边的好友邹孟阳画了30余幅《西湖江南卧游册》。爱画入骨的邹孟阳视若珍宝，将画放在行李箱中，到哪里都随身携带。性耽湖山泉石的他满足地感叹："长蘅与江南山水俱在吾箧中矣！"④

西湖图之深入人心，由此亦可窥见一斑。

而一幅山温水软的西湖图，竟然会引发一场金戈铁马的战争，除了感叹世事难料，好像已别无他词。

这幅很可能是史上最有名、影响最大的西湖图，却是"老外"自己派间谍偷偷画的。

---

① 方忆《15—19世纪日本画家笔下的〈西湖图〉》（《中日文化交流史研究》）。
② 〔明〕李流芳《题画为徐田仲》（《檀园集》卷十二）。
③ 〔明〕李流芳《题画册与从子》（《檀园集》卷十二）。
④ 〔清〕徐逢吉《清波小志补》（《清波小志》）。

十一

北宋咸平六年（1003），蔡州汝阳（今河南汝南）人、两浙转运使孙何（961—1004）驻节钱塘。流连在吴侬软语温柔乡里的福建崇安人柳永（约984—约1053）听说之后，兴兴头头前往拜见老朋友，向门房递上名刺。门房一看访客乃一介布衣，再一看名刺上自注的是"自由撰稿人"，很是不屑，嘴角一撇，手指捏着名刺，像扔一张废纸一样当胸弹还给柳永。

"名刺"如刺，如飞刀，弹在胸口，扎在心头。被伤了自尊的柳永年轻气盛、血气方刚，当晚便意气风发、咳珠唾玉地写了一阕《望海潮（东南形胜）》。

拿着敲门砖，他自信满满地找到了钱塘名妓楚楚，诚恳地请求："不日即是中秋府会，愿借小姐姐朱唇，一展娇喉于孙相公座前。"①

见是解风情的小帅哥，楚楚的心兀自先软了。一看文字，乱坠天花，掷地金声，珠圆玉润，不禁感叹，别人哪怕使出洪荒之力也不一定能写出如此这般字字珠玑的歌词，而小帅哥明明可以靠颜值，却选择了靠才华，有天赋就是这么任性。从此成了柳永头号铁粉的楚楚欣然答应：词牌是小鲜肉自己创制，词是新声，自己以后靠这一首歌唱一辈子都说不定哩。

中秋佳节，孙何府上，高朋满座。一台规模小但档次高的中秋联欢晚会正在有条不紊地进行。楚楚出场了，莺啼燕啭，婉转歌曰：

东南形胜，三吴都会，钱塘自古繁华。烟柳画桥，风帘翠幕，参差十万人家。云树绕堤沙。怒涛卷霜雪，

---

① 〔清〕叶申芗《本事词》卷上。

天堑无涯。市列珠玑，户盈罗绮，竞豪奢。　重湖叠𪩘清嘉，有三秋桂子，十里荷花。羌管弄晴，菱歌泛夜，嬉嬉钓叟莲娃。千骑拥高牙。乘醉听箫鼓，吟赏烟霞。异日图将好景，归去凤池夸。

"东南形胜，三吴都会，钱塘自古繁华。"大开大合，直起直落。杭州位置的重要、历史的悠久、城市的繁荣，黄钟大吕，气势不凡。

"烟柳画桥，风帘翠幕，参差十万人家。"街巷河桥的美丽，居民住宅的雅致，都市户口的蕃庶，民殷财阜，繁华景象，听听都让人向往。

"羌管弄晴，菱歌泛夜，嬉嬉钓叟莲娃。"工作如同游乐，生活就是享受；西湖上昼夜笙歌，杭州城繁荣祥和，不着痕迹间就为主政者唱了支高级颂歌。

自然山水与城市风情完美融合，美妙的山水风光与理想的社会生活水乳交融，画面感强，让人一边听一边脑海中就不由得迭次出现杭州的繁华、西湖的美丽。全词铺叙娴雅，形容得体，写景壮伟，声调激越。

匠心独运的传世佳作，在名妓歌喉的加持下，惊艳了在场每个人。一曲终了，人人呆若木鸡，继而轰的一下，个个鼓掌叫好。雷鸣般的掌声持续了整整三分钟，许多人兴奋得把自己的手掌都拍红了。大家清楚地知道自己见证了一阕必将千古流传的词的诞生。楚楚谢幕谢了整整三回，激动得粉腮发烫，感觉人生已经到达了巅峰。

自信满满地在旅舍等候的歌词作者柳永，白天就刮了胡子，做了发型，喷了香水，早早地将自己捯饬停当，静待出圈的高光时刻。当晚，不出意外地被请到了晚会现场，登台亮相，狠狠地刷了一波存在感。

平地一声雷，一阕《望海潮（东南形胜）》直接把柳永炸上了热搜第一名。

一夜间蹿红的柳永，成了大宋粉丝收割机，吸粉无数。

柳永词坦率自然、生动活泼，突出了江湖儿女的情仇爱恨和离愁别绪，因此广为市民群众所喜爱。"凡有井水饮处，即能歌柳词。"若问码字吸粉哪家强，自是奉旨填词柳七郎。①

《望海潮（东南形胜）》迅速占据各大媒体头条，引爆网络。

一阕《望海潮（东南形胜）》，把西湖推到了儒家知识分子多少年来理想风景的极致：烟柳、画桥，自然不断被人类影响；桂子、荷花，人类时时融入自然。这正是一代代中国人心目中的理想国，正是中国历代士大夫阶层所孜孜追求的"天人合一"的理想社会样板、生存模式啊！

一阕《望海潮（东南形胜）》，进一步坐实了皇帝大人"地有湖山美，东南第一州"②的赞誉，让人顿起"天下山水之秀，宁复有胜于西湖者"③之感喟。

西湖之胜，不在雄、伟，不在奇、险，在于端庄、秀丽，更在于自然美与人文美的互相映衬、和谐统一。

多少人的碎碎念，多少人的一生情，多少人笔下生的花，多少人心上结的果，多少首《望海潮》，多少幅《西湖图》，层层叠叠，恒河沙数，最终让西湖从自然世界

---

①〔宋〕魏庆之《柳耆卿》（《诗人玉屑》卷二十一）。
②〔宋〕赵祯《赐梅挚知杭州》(《乾道临安志》卷三）。
③〔明〕湖海士《〈西湖二集〉序》（《西湖二集》)。

走进社会世界后,又从社会世界走向人文世界。

千年之后,2010年,申遗专家陈同滨教授在向联合国教科文组织提交的申遗正式文本中,概括道:西湖"肇始于9世纪,成形于13世纪,兴盛于18世纪。是中国历代文化精英秉承'天人合一'的理念,综合了中国古典文学、绘画美学、造园艺术深厚的传统,持续性创造出'中国山水美学'景观设计最经典的作品。是景观元素特别丰富、文化含量特别厚重的'东方文化名湖',是独具一格的文化景观"。"作为人、自然、文化交融互动的产物,西湖是一个不断演进、始终活着的文化自然形态,是历史上最能体现中国传统文化核心价值的审美实体,是东方审美体系中最具经典性的文化景观,是天人合一理想境界的最佳诠释,始终具有鲜明的民族特征和时代特征。"

2011年,西湖申遗成功,成为中国第一个一开始就以文化景观类型申报的世界文化遗产。

世界遗产委员会对西湖列入联合国教科文组织《世界遗产名录》的评语是:"杭州西湖文化景观是文化景观的一个杰出典范,它极为清晰地展现了中国景观的美学思想,对中国乃至世界的园林设计影响深远。""在景观营造的文化传统中,西湖是对'天人合一'这一理想境界的最佳阐释。"①

十二

百来字的一首投献、干谒之作,竟会在百来年后引发一场战争,世人对一位词人的极致赞美,恐怕莫过于此。

《望海潮(东南形胜)》流播到金国,金朝第四代皇

① 陈文锦《梦圆申遗》(《西湖一千年——中国传统文化的经典之作》第九章)。

帝完颜亮（1122—1161）看了又看，吟了又吟。"市列珠玑，户盈罗绮"，让人越念越羡慕；"三秋桂子，十里荷花"，叫人越想越垂涎。①北地苦寒，江南却如此富庶美丽，投鞭渡江之念头像水面的葫芦，摁下又浮起。终于按捺不住觊觎的完颜亮，开始征调各路军队，厉兵秣马，准备南侵灭宋。

金正隆四年（1159）十一月，完颜亮指派福建邵武人、翰林学士施宜生（1091—1163）为正使，左卫将军耶律翼任副使，组成贺正旦使团出访南宋，借机收集情报，让画工一路图录山河关隘。特别叮嘱耶律翼，除了监视施宜生之外，要带回一幅西湖全景图。

自幼聪明好学、曾拜汉儒张用直为师的完颜亮，诗词文思奇诡、气韵苍凉，时人称"一吟一咏，冠绝当时"。江南文士看到他的作品也叹服不已："北地之坚强，绝胜江南之柔弱。"

作为一位才华超群的帝王，完颜亮明白，文字这东西最容易骗人。尤其是文人写的，指不定就是夸张，就是想象，就是虚构。还是图画来得实在，有图有真相，让人有眼见为实的踏实感。

贺正旦使团千里迢迢来到杭州。选择间谍为第二职业的画工顺利地纳西湖山水于自己的笔端。当时画西湖的人就像如今在著名景区写生的学生一般成群结队，没人会想到有金国间谍夹杂其中，正在大大方方地启用人肉相机模式。

当杭州西湖一览无遗地展现在完颜亮眼前时，这个粗犷的北方男人搓着牵惯马缰的双手，呵呵直乐：那位奉旨填词的文人这回还真没夸张啊！

① 〔宋〕罗大经《十里荷花》（《鹤林玉露》丙编卷一）。

画工把西湖图制成屏风请他审看效果,他触景生情,脑洞大开:在画上添上自己,策马扬鞭立于吴山绝顶,并满怀豪情地题了一首后世广为流传的诗:

万里车书一混同,江南岂有别疆封?
提兵百万西湖上,立马吴山第一峰!

普天一统、九垓同风的壮志,让这首诗激越昂扬、气象恢宏。征服天下之霸气,气吞山河之雄风,扑面而来。

金正隆六年(1161)九月,完颜亮调兵遣将,御驾亲征,兵分四路南下,对南宋发动全面进攻,"众六十万,号百万,毡帐相望,钲鼓之声不绝,远近大震"。谁料后院起火,从弟完颜雍(1123—1189)在东京(今辽宁辽阳)拥兵称帝。十一月,完颜亮兵败于采石,东至瓜洲,兵变被杀。一统天下的豪情,最终成了一场事过了无痕的春梦。

一幅图画引发了一场战争,一场战争引发了一个血案,最终让始作俑者走上不归路。这,完颜先生雄心勃勃挥师南下时哪里想得到呢!

湖岸树：间株杨柳间株桃

一

西湖图的主角，是"水不广而多分割"的湖，是"山不高而多逶迤"的山。除了湖与山，点缀湖岸必不可少的婀娜杨柳，为整幅图增添了风情，注入了灵动，给西湖图增色添彩不少。

"涌金门外柳如烟，西子湖头水拍天。"有湖如西子的陪伴、厮守、滋润，西湖边的柳树，恐怕是世界上最具风韵的柳树了吧。

枝条不是向上，而是别具一格地俯向大地，俯向泥土。古典的柳树，从灞桥的桥头，到渭城的客舍；从闺中少妇自翠楼远眺的陌头，到"天下伤心处"的劳劳送客亭，毵毵拂人，依依送君，是挽留，是送别，是春日的骊歌。

西湖的柳树，饮湖光山色，舞十里春风，从游客的眼眸，到文人的笔端，到摄影的构图，梢头黄鹂，枝底画船，是背景，是风景，是舞动的音符，借由画家的笔、摄影师的相机，从古典走到现代，从中国走向世界。

西湖柳（"涌金门外柳如金，三日不来成绿阴。"——〔元〕贡性之《涌金门见柳》）

如果说白堤、苏堤是西子湖的一双秀眉，那么株株柳树就是纤秀的根根眉毛。堤一修成，当即栽种起柳树护堤，这，几乎是想都不用想的那么自然、那么顺理成章的事情。早春时节，白居易"最爱湖东行不足，绿杨阴里白沙堤"。柔嫩的枝条拂过文章太守的额头，仿佛在提醒他，白沙堤走完了，又该去杨柳深处看看苏小小墓了。

西湖十景，哪一景当推第一？从不同季节、不同天气、不同角度看，也许会有不同的答案。早春二月，苏堤一抹嫩柳，几声莺啼，报道春光，时人美称为"苏堤春晓"，名列南宋"西湖十景"的第一景。①在宋人"西湖十景"

① 〔宋〕吴自牧《西湖》《梦粱录》卷十二）。

基础上出现的元末"钱塘十景"中,"六桥烟柳"排第一。①清代康熙、乾隆时期恢复"西湖十景"那会儿,这个"第一"也是有定论的——苏堤春晓。

"苏堤春晓"排第一,这不光因为春天是一年中第一季,更因为苏堤柳色是一年中最早给杭州人开启了游赏模式的缘故吧。

春日融融,惠风和畅。双眼枯寂了整整一个冬天的杭州人,登上城头,打眼一望,苏堤上的一抹浅绿,横亘于西湖当中。柳色遥看近却无,像是春天派出的邮差,送来了春回大地的消息。第一个眼尖的,激动得如同买彩票中了500万元大奖一般,大喝一声,吓煞旁人。

"堤上柳色,自正月上旬柔弄鹅黄,二月娇拖鸭绿,依依一望,色最撩人。"②古人把杭州人观柳赏柳的细致描述得十分形象。而这形象,千年未变。

早春时节,柳丝吐翠,绿烟笼纱,柳堤新绿。柳婀娜,柳多姿。西湖边的杨柳,映水处如对镜梳妆,风过时似蹁跹起舞,更柔媚,更多情。在文人眼里,柳条低拂湖面,风一吹,就像瓢儿舀水;顽皮时,甚至还会抓住姑娘儿头上的发饰:

> 小玉移莲棹,阿琼横玉箫,贪看荷花过断桥。摇,柳枝学弄瓢。人争笑,翠丝抓凤翘。③

两位天真烂漫的采莲女,看荷花出了神,以致首饰被柳条儿抓住了也未觉察。这样生动活泼的画面,被诗人敏锐地捕捉到了,并及时摁下了快门。

月上柳梢头,人约黄昏后。柳丝调皮,柳荫多情。

---

① 〔清〕翟灏等《十景》(《湖山便览》卷一)。
② 〔明〕高濂《山满楼观柳》(《四时幽赏录》)。
③ 〔元〕张可久《〔南吕〕金字经·采莲女》(《西湖散曲选》)。

苏堤柳（"一堤杨柳占春风，柳外群山细雨中。"——〔宋〕葛天民《正月二十七雨中过苏堤》）

家喻户晓的《梁山伯与祝英台》的故事，其实还另有一个颇具诗情的题名：《柳荫记》。而梁祝两人"同窗共读整三载，促膝并肩两无猜"的万松书院，就在西湖南缘凤凰山万松岭上。

苏堤、白堤没有了杨柳，几乎是难以想象的。改朝易代，天下板荡，西湖岸边的杨柳也遭了殃。与张岱生活于同一时期的杭州作家陆次云（约1636—？），作为历史见证人，在《湖壖杂记》里心痛地记道："两堤垂柳，余幼时及见其盛。明鼎移时，皆罹翦伐。"

明代诗人、画家陈洪绶（1598—1652）画过一幅《西湖垂柳图》，配了首七绝：

> 外六桥头杨柳尽，里六桥头树亦稀。
> 真实湖山今始见，老迟行过更依依。

"老迟"是明亡后陈洪绶的自号，寄寓着"生不逢辰"的痛感。短短几句诗，文字间全是明末清初文人的大痛楚，心态上是不折不扣的文化遗民。难怪有切身体会的陆次云解读说："若幸之，而实惜之也。"①

即便朝廷选择苟安，也让多少读书人郁愤难平。

宋宁宗嘉定元年（1208），宋攻金大败，媾和赔款，宋尊金由"叔父"改称"伯父"，赔偿金军军银300万两，每年纳岁币银从原先的20万两增至30万两，绢从原先的20万匹增至30万匹，史称"嘉定和议"，是南宋继"隆兴和议"之后的又一次国耻。福建莆田人、诗人刘克庄（1187—1269）满腔悲愤，讥讽道：

> 诗人安得有青衫？今岁和戎百万缣！
> 从此西湖休插柳，剩栽桑树养吴蚕。②

二

点缀湖山，光有柳树未免单调。而最能搭柳树的绿的，自然是桃花的红。

"桃之夭夭，灼灼其华。"被骚人韵士视为俗艳的桃花，有粉，有白，有红。红又有粉红、深红、紫红。单瓣的，如小家碧玉，清新可人；重瓣的，如浓妆丽人，高贵典雅。由此，西湖桃获得了"美人桃"③的礼赞。

夭夭桃花，展示着生命的风采，增添了西湖的妩媚。

---

① 〔清〕陆次云《苏堤白堤》(《湖壖杂记》)。
② 〔宋〕刘克庄《戊辰即事》(《宋诗选注》)。
③ 〔清〕张鸣鹤《西湖竹枝词》(《中华竹枝词全编》)。

灼灼桃花，把西湖的水面倒映得万般旖旎，把西湖的天空都照亮了。

如果说，是杨柳，细描出了西湖的秀眉，那么，是桃花，轻匀出了西湖的粉面。

阳春三月，湖光山色；花如人面红，水似明镜清。娉婷佳人，谁没有暗藏一份期许？翩翩少年，谁不想邂逅一段浪漫？西湖三月天，柳为背景，花为媒，有多少桃花缘喜结为连理枝？又有多少桃花缘终成了三更梦？

桃柳佳处，最具代表的地方，是苏堤，是苏堤六桥。

说起苏堤六桥，杭州人更习惯于"六吊桥"这个俗称。翻六吊桥几乎算得上是杭州人踏青、游湖的一种经典春游仪式。

春光和煦，草长莺飞，"桃雨晴，柳风轻，西湖六桥似画屏"。带上酒，在苏堤上随处一坐，边与契友花下对酌，边赏六桥风月，实为人生一大快事。如孙一元就曾想："唤起林逋同载酒，六桥风月兴犹新。"[1]公子王孙也好，贩夫走卒也罢，"贵何如？贱何如？六桥都是经行处"[2]。久而久之，竟形成了杭州风景的一句有名谚语："西湖景致六吊桥，间株杨柳间株桃。"

南宋时，清明时节，"官员士庶，俱出郊省坟，以尽思时之敬。车马往来繁盛，填塞都门。宴于郊者，则就名园芳圃，奇花异木之处；宴于湖者，则彩舟画舫，款款撑驾，随处行乐。此日又有龙舟可观，都人不论贫富，倾城而出，笙歌鼎沸，鼓吹喧天，虽东京金明池未必如此之佳"[3]。

---

[1]〔明〕孙一元《幽居》（《太白山人漫稿》卷六）。
[2]〔元〕刘致《〔中吕〕山坡羊·西湖醉歌次郭振卿韵》（《元曲鉴赏辞典》）。
[3]〔宋〕吴自牧《清明节》（《梦粱录》卷二）。

西湖桃（"双飞燕子几时回？夹岸桃花蘸水开。"——〔宋〕徐俯《春游湖》）

第五章 一图一咏总关情

  而苏堤一带，"桃柳阴浓，红翠间错，走索、骠骑、飞钱、抛钹、踢木、撒沙、吞刀、吐火、跃圈、筋斗、舞盘，及诸色禽虫之戏，纷然丛集……又有买卖赶趁，香茶细果，酒中所需。而彩妆傀儡，莲船、战马、饧笙、鼗鼓，琐碎戏具，以诱悦童曹者，在在成市"①。湖中集市，有好吃的，有好玩的，热闹非凡。

  "清明正是三月春，桃红柳绿百草青。秋千荡起笑声落，黄花青果争上坟。"平民百姓的清明，惆怅间充盈着快乐，伤悲里洋溢着生机。

  春暖花开，桃红柳绿。黄昏时分，第一次来游西湖的袁宏道，"为桃花所恋"，朋友叫他抓紧时间去看因为春雪而迟开的南宋张镃（1153—1235）南湖园故物梅花，他都不忍离去。在等待月夜游六桥的间隙写游记，想起白天西湖上人山人海、士女如织的热闹景象，"湖

① 〔明〕田汝成《熙朝乐事》（《西湖游览志余》卷二十）。

上由断桥至苏堤一带，绿烟红雾，弥漫二十余里"，不禁感叹，"歌吹为风，粉汗为雨，罗纨之盛，多于堤畔之草，艳冶极矣"。①

春天，苏堤，这条功能性极强又充满诗情画意的长堤，桃红柳绿，笼烟惹湿。柳枝的绿，绿染衣袂；桃花的红，红映人面。骀荡春风中，走在苏堤上，恍若行在香霞堆里，浑然忘却身外还有红尘。

"西湖天下景，朝昏晴雨，四序总宜。杭人亦无时而不游，而春游特盛焉。……都人士女，两堤骈集，几于无置足地。水面画楫，栉比如鱼鳞，亦无行舟之路。歌欢箫鼓之声，振动远近。"②这，实在是一点都不足为奇的。

江西乐平人赵善庆，游过苏堤后，情不自禁地赞道：

> 问六桥何处堪夸？十里晴湖，二月韶华。浓淡峰峦，高低杨柳，远近桃花。临水临山寺塔，半村半郭人家。杯泛流霞，板撒红牙。紫陌游人，画舫娇娃。③

直接以设问的方式，回答了西湖的春景之美和春游之盛。写时一气呵成，读来大珠小珠落玉盘。画面外，透露出诗人闲云野鹤的恬适心境和静眼旁观的人生态度。

杭州人、明代戏曲家高濂发觉杭州幽境幽趣实在是太多了，于是就写了卷《四时幽赏录》作为杭州导游手册，其中还为苏堤看桃花专门给出了一部《桃花宝典》，细致入微地曲尽桃花"六趣"。雅尚幽赏的他最后还不忘谆谆告诫赏花者："六者惟真赏者得之。"④

---

① 〔明〕袁宏道《晚游六桥待月记》（《袁宏道集笺校》卷十）。
② 〔宋〕周密《西湖游幸》（《武林旧事》卷三）。
③ 〔元〕赵善庆《〔双调〕折桂令·西湖》（《元曲鉴赏辞典》）。
④ 〔明〕高濂《苏堤看桃花》（《四时幽赏录》）。

三

清康熙二十七年（1688）三月，乍暖还寒。大概是前两天衣服脱得太快受了风寒，居住在清波门外学士港的徐逢吉（1655—1740）感冒了。郎中给他开了药方，让他在家服药、将养。第二天一大早，门砰砰砰被敲响了。开门一看，是好友赵瑜。赵瑜劈头一句问他："昨夜一夜大风大雨，桃花肯定被摧残得七零八落了！我要往六桥吊桃花，你是不是一起去？"

徐逢吉病殃殃地告诉他，自己感冒了，大夫不让出门。

赵瑜知道老朋友不会无缘无故推辞如此雅事，二话不说，挥一挥衣袖，匆匆往西湖而去。

薄暮时分，赵瑜回来了，直闯进徐逢吉家书房，嘴里连呼："快，快，纸笔，纸笔！"

展纸濡毫，饱蘸浓墨，他一口气吐出腹稿《吊桃花曲》五阕。

徐逢吉捧起墨迹未干的文字，音调凄婉地读了一遍。思忖片刻，依其声而和之。

两个三四十岁的大男人一起为刚刚盛开的桃花一夜间被雨打风吹去而长吁短叹。

舒了口气，喝了杯茶，定定神，赵瑜告诉说，苏堤桃花落瓣，因风荡漾，逐水周流，多在西泠。西泠桥畔，落英缤纷，粉销玉碎，香冷红残，瓣瓣似对骚人泣别。整整一天，他难过得咽不下一口饭，只买了壶酒，或行于六桥，或坐于湖边，边饮边酹，送这年的桃花走过了最后一程。

爱文字的徐逢吉是个有心人。他把好友的这些作品仔细地保存起来，不时拿出来欣赏、揣摩一番。那些流露真性情的佳句，如："谁绘河阳图画？却向这西湖悬挂。宵来狂风不休，看纷纷红雨漫天下。""长堤哪得锦屏遮？秾香一路由人踏。""风休刮，雨莫加，残春尚值千金价。""人生难得长潇洒，费杯浪酒与闲茶。"……让他玩味、品哂再三。①

白堤桃柳（"柳条千树僧眼碧，桃花一株人面红。"——〔元〕杨维桢《嬉春体·钱塘湖上作》）

① 〔清〕姚礼《赵瑾叔》（《郭西小志》卷十二）。

四

春则花柳争妍，夏则荷榴竞放，秋则桂子飘香，冬则梅花破玉，瑞雪飞瑶。四时之景不同，而赏心乐事者亦无穷矣。①

代代巧妆点，盈盈漾碧波。真正使杭州城市兴起、发展和闻名世界的，是西湖。明白这个道理的杭州人，上至管理者，下至普通市民，都不会对西湖的湮废、湖岸树木的衰颓听之任之。他们要做的，是装扮西湖，提升西湖颜值。

比如，南宋时，人们在苏堤不光栽桃植柳，还种了许多木芙蓉。秋天花开，灿若霞锦。②"芙蓉夹岸，湖光掩映，秀丽争妍"③。

清早期杭州人姚礼，秋日的一天与友人自南屏步六桥看红叶，见苏堤桃柳中间有古山茶十数本，每一株都用栏杆围着，"云是南宋物也"④。

早在唐代，人们就开始有意识地植树造林、装点湖山。比如，袁仁敬这个名字，就与西湖边一个多树的地名息息相关。

开元十三年（725），唐玄宗亲自选拔的杭州刺史袁仁敬，于洪春桥至下天竺一带倡植松树，长九里，左右各三行，每行相距八九尺，因此有了"九里松"之地名。松树长大后，"苍翠夹道，阴霭如云，日光穿漏，若碎金屑玉，人行其间，衣袂尽绿"⑤。

宋时，集庆、灵隐等寺院的僧人自觉担负起养树护树的责任，分段保护这片松林，还补种了不少松树。元时，

---

①〔宋〕吴自牧《西湖》（《梦粱录》卷十二）。
②姚毓璆、郑祺生《亭馆窈窕　丽若图画——杭州园林》（《南宋京城杭州》）。
③〔明〕张瀚《时予纪》（《松窗梦语》卷七）。
④〔清〕姚礼《苏堤山茶》（《郭西小志》卷十五）。
⑤〔清〕李卫《九里云松》（《西湖志》卷三）。

松涛如潮、气象苍古的九里松被列为"钱塘十景"之一，名"九里云松"。

袁仁敬此举为西湖园林史上大规模人工植树造林之始。袁刺史事迹见于史书并不多，因为九里松，他赢得了杭州人的尊重。后人在洪春桥畔筑袁公亭，以寄钦慕。①

有种树的，就会有伐树的。

淳祐十年（1250），宋理宗为阎贵妃建香火功德院于九里松，赐名"显慈集庆教寺"②。官差望青采斫，鞭笞追逮，连大官僚的坟头树都保不住。三年始成，"土木之工过于诸寺""巧丽冠于诸刹"③，当时人称"赛灵隐"④。

建造之初，伐灵隐寺周边古松作建筑材料。本来这是毫无悬念的事，叫人砍去就是了。偏偏有个叫淮海的和尚跳将出来，说这样做不对，既破坏生态平衡，又毁坏西湖风景，还大义凛然地写了首诗，在朋友圈、微信群里到处发：

不为栽松种茯苓，只图山色四时青。
老僧终不将归去，留与西湖作画屏。

他这令人窒息的骚操作，让全国人民都知道皇上为了讨好一个女人而大兴土木。舆情汹汹，破坏生态的大帽子连皇帝的脑袋都觉得沉重。理宗无奈，叫停了砍伐。⑤

五

比起理宗，官四代张镃在自家园林"引客携觞，或幅巾曳杖，啸歌往来，澹然忘归"⑥，显得要潇洒许多。

---

①倪士毅《灯火家家市　笙歌处处楼——隋唐东南名郡杭州》（《隋唐名郡杭州》）。
②胡祥翰《寺观一》（《西湖新志》卷五）。
③〔明〕张岱《集庆寺》（《西湖梦寻》卷二）。
④〔元〕李有《显庆寺》（《古杭杂记诗集》卷四）。
⑤俞昶熙、李祖荣《梵宇精舍　钟磬相续——四百八十寺》（《南宋京城杭州》）。
⑥〔宋〕周密《张约斋赏心乐事》（《武林旧事》卷十）。

当年临安北关水门内有南湖，又称"白洋湖"。南湖曾经十分辽阔，南宋时水面尚宽，是交通京城内外的重要水域。"城中北关水门内，有水数十里，曰'白洋湖'，其富家于水次起迭塌坊十数所，每所为屋千余间，小者亦数百间，以寄藏都城店铺及客旅物货。四维皆水，亦可防避风烛，又免盗贼，甚为都城富室之便。其他州郡无此。"①

张镃从清河坊祖宅移居南湖别业后，鸥鹭翔集，栖息湖上。闾巷父老惊叹数十年未尝见此景，以为祥瑞。为此，张镃专门在湖中沙洲上建了一座"鸥渚亭"。亭成后，赋诗6绝，其中有句云："门前湖水三千尺，引得沙鸥亦肯来。"

南湖除了有园池之胜外，本身的自然风光也十分迷人，南宋时就有"赛西湖"之誉。这从张镃诸多吟咏南湖的诗章里，如"粉墨晕开天水色，碧朱堆上柳花丛""绕岸种成桃间柳，一家和气万家生""翠辇不来知几夏？野禽啼暝古松林"等句也可略窥一斑。在《次韵吕浩然》4首七绝中，张镃更是纵情放言：

天然风景异人为，门外南湖不姓西。
指日芙蓉盛行发，何须出郭看苏堤？②

在张镃一年十二个月的赏心乐事中，南湖项目就有：二月仲春，南湖挑菜、南湖泛舟；四月孟夏，南湖放生、南湖观杂花、鸥渚亭观五色罂粟花；五月仲夏，南湖观萱草、鸥渚亭观五色蜀葵；六月季夏，南湖湖心亭纳凉；七月孟秋，南湖观稼；十二月季冬，南湖赏雪。

正是南湖的风花雪月深深地吸引了诗人，使他终日流连徜徉其间，"自有南湖相暖热，可曾频过六桥边"③。

〔宋〕耐得翁《坊》（《都城纪》）。
〔宋〕张镃《次吕浩然》（《南集》卷八）。
〔宋〕张镃《鸥亭次韵茂洪西三诗》（《南集》卷八）。

将原本从早到晚都看不厌的西湖抛在了脑后，后来还把自己编定的诗文集命名为《南湖集》，足见如今早已荡然无存的这个湖在他生命中之分量。

宋孝宗淳熙十二年（1185），张镃买下南湖之滨曹氏荒圃，开地，建斋，移古梅。从淳熙十四年至嘉泰二年（1187—1202），从35岁到50岁，张镃不惜花费15年漫漫光阴，重置和完善整个园区，构筑起东寺（"报上严先之地"）、西宅（"安身携幼之所"）、南湖（"管领风月"）、北园（"娱宴宾亲"）的完美格局。[1]

通观南宋150余年，京城杭州王公贵族寓园，最著名的，莫过于城北张镃之"南湖园"、吴山韩侂胄（1152—1207）之"南园"[2]、葛岭贾似道（1213—1275）之"后乐园"[3]这三处。[4]

南湖园巧妙利用自然山水，又人工构筑亭榭楼台，遍植花木，一年四季繁花似锦，宛如瑶台仙境，一跃成为南宋京城最引人注目的私家园林，"园池、声伎、服玩之丽甲天下"[5]。

南宋名臣、宰相史浩（1106—1194）年高致仕返回故乡明州鄞县（今浙江宁波鄞州区），在老家读罢张镃写的诸多即景绝句，"洒然如与其人岸冠散衽徜徉于烟萝香霭间，可胜欣快"，没到过南湖园也歆羡地称其为"神仙宅"。[6]

最富想象力的神来之笔是，张镃"作驾霄亭于四古松间，以巨铁絙悬之空半而羁之松身。当风月清夜，与客梯登之，飘摇云表，真有挟飞仙、溯紫清之意"[7]。

南湖边的4棵松树被当作了4根亭柱。风吹，树摇，

---

[1]〔宋〕周密《约斋桂隐百课》（《武林旧事》卷十）。
[2]〔宋〕叶绍翁《阅古南园》（《四朝闻见录》戊集）。
[3]〔宋〕周密《贾氏园池》（《齐东野语》卷十九）。
[4] 姚毓璆、郑祺生《亭馆窈窕 丽若图画——杭州园林》（《南宋京城杭州》）。
[5][7]〔宋〕周密《张功甫豪侈》（《齐东野语》卷二十）。
[6]〔宋〕史浩《题〈南湖集〉十二卷后》（《南湖集》附录上）。

亭晃，人动。飘飘欲仙，展翅欲飞。城里人真会玩，你不服不行。

与那些只知斗鸡走马、花天酒地的官二代、富二代玩主比，官四代张镃著书立说、植梅品梅、牡丹花会、文人雅集，品位超过不知凡几。

张镃为南宋名将张俊（1086—1154）曾孙、宋末词人张枢祖父、张炎（1248—约1320）曾祖，是张氏家族由武功发家转向诗文名世的关键性人物。

张镃不但善文，也善画竹石古木；除了爱梅，又酷爱牡丹。家世显赫，生活豪奢，才情出众，加上他豪爽好客，喜欢以文会友，一时间，南湖园俨然成为当时临安城内文人雅集的一个中心。当红的名流俊彦，如朱熹、陈亮、陆游、辛弃疾、范成大、尤袤、周必大、姜夔等，皆与之往来唱和。

关系尤为密切、时人推为一代诗坛宗主的杨万里，起初听说时还以为张镃不过是个富贵公子、纨绔子弟，在一次西湖聚会上，经陆游介绍结识后，比张镃大20多岁的他直呼相识恨晚。[①]

六

如果说桃柳负责让西湖貌美如花、妩媚多姿，松树负责让西湖四时可人、青春永驻，那么，梅树就是负责让西湖骨骼清奇、冰清玉洁了。

说起菊，人们马上会想到"采菊东篱下，悠然见南山"的爱菊之人陶渊明（365—427）。说到莲，大家自然会想到"出淤泥而不染，濯清涟而不妖"的爱莲之人周敦颐。提起梅，人们立即会想到写出了"疏影横斜水清浅，暗香浮动月黄昏"的爱梅之人林和靖。

"春水净于僧眼碧，晚山浓似佛头青。"①面朝西湖，春暖花开；砍柴、打鱼、锄地、灌园、采药、栽花、植树、种茶、调鹤、养鹿、读书、写诗、抚琴。一个终身不娶、孤独终老的人成了一座山的代言人，山又偏偏名"孤山"，真正叫人情何以堪！

而为这位20年不入近在咫尺之城的代言人代言的，是西湖孤山之梅。

"只因误识林和靖，惹得诗人说到今。"②反过来说，没有林和靖，孤山之梅便不可能如此有名。而有了林和靖，西湖中这一座不起眼的土丘，才开始承载起丰富多样的文化符号；"钱塘之胜在西湖，西湖之奇在孤山"的说法，才开始渐渐流传。

因为梅，林和靖本身也成了文化意象。日本文人争相模仿他的诗作，并且将"梅妻鹤子""山园小梅"等融入自己的创作中。他的画像被日本文人所膜拜，他隐居的西湖被日本文人所吟咏，连他隐逸的生活方式也被效仿。

地以人重，人以地传；名士名胜，相得益彰。林和靖因隐居西湖，而名扬天下，千古流芳；西湖因有了林和靖，而"梅屿含春，湖水钟灵"。③

林和靖以梅花闻名，当在其去世以后。在世时，他是以其绝尘的隐逸高风为世人所敬慕。

那个作亭于古松之上的张镃，其实也是位梅花超

---

①〔宋〕林逋《西湖》（《林和靖集》卷二）。
②〔宋〕王淇《梅》（《林和靖集》附录）。
③钟婴《梅花岛上的诗人》（《林和靖与西湖》）。

级粉。

张镃买下的南湖边荒园,原有数十株古梅。张镃开地10亩,将古梅移种成列,并从西湖北山别圃移来江梅。又筑堂数间,筑室两间,东植千叶缃梅,西植红梅,总计梅树400多本,打造出杭州又一方赏梅胜处。①梅开时节,居宿其中,"环洁辉映,夜如对月",由此取名"玉照堂"。又在花间开渠,小舟往来其中。客人奉承道:"一棹径穿花十里,满城无此好风光。"②

花时月夕,开玉照堂,置酒乐客,欢饮浩歌,通宵达旦。

座上客常满,杯中酒不空。人和天地阔,主雅客来勤。以至于如果隔了十天半月不宴游,"则诸公嘲讶问故之书至矣"。③

为让来客更好地品赏梅花,特别是使那些"徒知梅花之贵而不能爱敬"的庸俗之辈"有所警省",张镃花了几个月写成数百字的《梅品》,细致地列出品梅的58条基本标准,与范成大(1126—1193)写的《梅谱》互相呼应,成为梅文化的两朵奇葩。

由此可见,有宋一代,提升西湖、南湖"湖格"的梅花,一在孤山,一在南湖园;提升杭州梅花"花格"的雅人,一为林逋,一为张镃。

宋以来,孤山种梅、补梅活动承继不断,赏梅、咏梅风雅历久弥新。

傲雪的一枝梅花,从竹外伸来,伸向西湖,伸向寒水,伸向孤窗,伸向多少人的忧伤和惆怅。

七

清波门外学士港,内达市区,外通西湖,是朝出暮归的游人必经之地。明清时两岸种梅数千株,花开季节,香气袭人,不亚于西溪之胜。

学士港西角,有一小楼,居住着大妈黑姊姊和她做船工的儿子。

清康熙十六年(1677)元宵后一天傍晚,23岁的钱塘诗坛新秀徐逢吉出门打酱油,老远就看见楼上有一小姐姐正倚窗凝眺。小姐姐年约十八九,外衣紫绡,内衬水红衫,云鬟微笼,金钗横髻,美艳不可方物。走近时,小帅哥反而不看了,一副偶然路过的样子。经过窗下时,忍不住抬头仰望,孰料小姐姐也正在低头看他!见他抬头,她如猜中灯谜的小孩般得意地嫣然一笑。巧笑倩兮,美目盼兮。

小帅哥心头倏地一麻,手中的酱油壶差点掉地上摔个粉碎。小姐姐芳名啊?小姐姐何方人氏啊?能不能加个微信啊?想起邻居大姐在社区居委会干志愿者,人头熟,赶紧上门求助。

大姐不愧是老同志,对流动人口信息一清二楚:美女苏州人,三天前跟母亲、哥哥来游西湖,问船工觅住处,船工就把空房子让给他们住。姑娘儿不光相貌漂亮,听说还琴棋书画样样精通哩。

瞧出端倪的大姐眉峰一挑,乜斜着眼:"帅哥对她有意思?人家可是名花有主。夫家是徽商,光聘金就是五百两银子,马上就要过门了。"

帅哥涨红了脸，讷讷无言，鼓足勇气，央求大姐帮忙到黑姊姊家取点小姐姐诗画来看，看过即还。

见小帅哥一脸哀伤，古道热肠的大姐立马出门。

约莫一顿饭的工夫，大姐噔噔噔闯进屋，将一柄聚头扇轻轻往他书桌上一搁，让他快看："我乘姑娘儿不注意偷拿的，等下马上放回去。"

展开扇子，果然字迹娟秀、诗文清丽。诗共 3 首，全为记游。其中第二首：

楼西望不见西施，楼角寒梅有一枝。
从此吟魂得相傍，黄昏卷起暖帘儿。

下书："寓楼见梅花一树，喜而有作。"款落："茂苑薛贞瑛。"①

我的个神啊，女神啊！不仅秀外，而且慧中，让人二话不说献上了膝盖。贫穷限制了想象力，贫穷更限制了竞争力啊！小帅哥看得痴了，张大着嘴，舌挢不下。清醒过来后，赶紧抓过纸笔，一一誊抄下来。

从青丝到白发，光阴荏苒，倏尔一生。已是 79 岁耄耋老人的徐逢吉，在学士港家中编撰《清波小志》，翻出那仔细珍藏了几十年的 3 首诗，想起那个遥远的早春黄昏，想起那莫名慌乱的心跳，想起那婀娜青葱的倩影，想起那惊鸿一瞥的折扇，扇面上脂粉的余香、蕙质兰心的惊艳仍感觉扑面而来。"如花美眷，似水流年"，那淡然又刻骨的惆怅，就像窗外四处穿梭的蝙蝠，布满了饱经沧桑的双眼。

①〔清〕徐逢吉《清波小志》卷上。

八

有种梅的，有咏梅的，当然还有画梅的。

南宋的宫廷画院随着南宋王朝的覆灭而退出了历史舞台。元代不再设画院，但士大夫画家、文人画家继承南宋文人画传统，遗貌取神、简易尚古，也是名家辈出。除了"元四家"黄公望、吴镇、倪瓒、王蒙外，还有赵孟𫖯、钱选、王冕等高手。

屡试不第的王冕（1287—1359），一把火烧光了举业文章，从此绝意仕途。元代中后期在江南负有众望的文学家、著作郎李孝光（1285—1350）想推荐他做一名府吏，王冕很是不屑，骂道："我有田可耕，有书可读，肯朝夕抱案立高庭下，备奴使哉？"

他爱梅、画梅已经到了痴狂之境。隐居在绍兴九里山时，曾种梅千株。他善画墨梅，创造出的"没骨体"画梅法和变宋人的疏枝浅蕊为密枝繁花，别开生面，独步古今。他所画的墨梅，已成为不朽的传世名作。

王冕爱梅，更爱西湖之梅。因为怕误花期，他好几次从绍兴跑到孤山探梅，却一次次失望而归。一个晴好的冬日，他终于等到了满树的梅花临水而开。

> 玛瑙坡前春未来，几番空棹酒船回。
> 西湖今日清如许，一树梅花压水开。[1]

孤山玛瑙坡的梅树，他是太熟悉了。每回花开，心底都会产生与暌违已久的故友重逢的欣喜。行走在梅花丛中，仿佛与瑶台群仙聚会；站立在一株老梅面前，好似相伴幽人独立深谷。北风清凛，碧水涟漪；山石冰冷，

[1]〔明〕王冕《素梅》（《全明诗》卷十）。

超山宋梅("十年不到香雪海,梅花忆我我忆梅。"——吴昌硕《忆梅》)

不宜久坐。煮一壶酒,与花对酌。花香幽幽,酒香缕缕。

第三株老梅,铁干虬枝,满身碧苔,一派仙风道骨。每次来孤山赏梅,王冕都会在这株古梅前长久伫立,仔细揣摩。

九

提到古梅,不得不说说与苏州邓尉、无锡梅园合为江南三大赏梅胜地、被誉为"十里香雪海"的余杭超山。

超山有唐梅和宋梅两大古梅。"十年不到香雪海，梅花忆我我忆梅。何时买棹冒雪去，便向花前倾一杯。"称自己是"梅知己"的书画篆刻大家吴昌硕（1844—1927），对超山梅花情有独钟。最后，他把长眠之地选在了超山，墓所距离宋梅仅百步。与他同葬超山的还有杭州著名画家姚虞琴（1867—1961）。两人都因为喜欢梅花，生前就相约百年后同埋超山，吴葬山北，姚葬山南。

"秀丽如美人，孤冷如老衲，倔强如诤臣，离奇如侠，清逸如仙，寒瘦枯寂、坚贞古傲如不求闻达之匹士。"吴昌硕眼里的梅花，已然完全人格化。

作为西泠印社首任社长，向他求印的人很多。饱受铁笔之苦的他，号"苦铁道人"以自嘲。由于名重一时，交游广泛，欠下了不少笔墨债。

一天，在上海的他收到了杭州栖霞寺僧人索求梅花图的来信。

回想当年，吴昌硕借宿于栖霞寺，发现寺僧淳朴可爱，恰逢山花盛开，两人相携踏月，"拂苔坐顽石，俯视湖光如一鉴。风穿疏林，香堕襟袖，相对甚乐焉"。一别经年。一个方外清修，一个红尘奔走。回首旧游，如在梦寐。吴昌硕感慨良多，当即挥毫画了一幅梅花，并告诉僧人：自己他日重游湖上，当磨墨汁数十斛，画佛殿半壁。①

十

超山之北、塘栖之南的丁山湖，是塘栖硕果仅存的天然湖泊，多自然野趣。清初塘栖本地诗人吕律的一首即景小诗，生动地描画了这种山野趣味：

---

① 尹晓宁《苦铁道人梅知己——吴昌硕》（《西湖寻梅》第三章）。

第五章 一图一咏总关情

临平丁山湖（"丁山湖上水风清，宛转菱歌处处声。"——〔清〕魏成宪《丁山湖》）

> 溪上远山青点点，庄前流水白漫漫。
> 野田黄雀飞无数，一个沙鸥梦自安。①

丁山湖港汊纵横，墩阜众多，土质肥沃，水源充足，非常利于塘栖名果——枇杷的生长。作家郁达夫（1896—1945）在《超山的梅花》中写道：

> 汽车走过的临平镇，是以释道潜的一首"风蒲猎猎弄轻柔，欲立蜻蜓不自由。五月临平山下路，藕花无数满汀州"的绝句出名；而超山北面的塘栖镇，又以南宋的隐士、明末清初的田园别墅出名。介于塘栖与超山之间的丁山湖，更以水光山色、鱼虾果木出名。②

塘栖以盛产枇杷著称。公元1世纪，人们已视枇杷为"珍果之物"，并具有一定的栽培储运技术。塘栖枇杷至唐代已相当繁盛。《唐书·地理志》中，有"余杭郡岁贡枇杷"的记载。

① 〔清〕吕律《丁山湖即景》（《唐栖志》卷二）。
② 郁达夫《超山的梅花》（《西湖游记选》）。

春暮夏初，枇杷成熟季节，黄灿灿的果实掩映在绿叶丛中。"树繁碧玉叶，柯叠黄金丸"①，长在树上是风景，采摘下来变财富。即便还未成熟，果子还青，也会让人心生欢喜。比如塘栖本地人、清乾隆十五年（1750）庚午科解元周天度就曾在一首题为《丁山湖》的小诗里把这份喜悦表露无遗：

划船双桨似蜻蜓，曲渚回汀互渺冥。
别有好山遮一角，树阴浓罩枇杷青。②

十一

南宋末年，天下大乱。宋太祖赵匡胤十一世孙赵孟𫖯（1254—1322）想在乱世里找一方避难的港湾，这天来到了塘栖。

塘栖，"仁和一大镇也"，"名虽镇也，实与小邑等"，③闾阎鳞次，河港交错，桑果遍地。

舟过丁山湖，见一寺，门楣上书"德云庵"三字，笔走龙蛇，银钩虿尾。书画个中人的赵孟𫖯，遂舍舟登岸，进庙随喜。

住持中峰禅师曾云游四方，从西天目山一路过来，相中这里环境清幽，于是驻锡在此。两人品茗聊天，一见如故，相谈甚欢。尤其中峰禅师，大有相见恨晚之感。禅师指着丁山湖边蓊郁的枇杷林，叹惋道："此地所产枇杷，久负盛名。可惜你晚来了一步，错过了满树金果的景色。"

看禅师一脸遗憾的样子，赵孟𫖯宽慰他："要看枇杷，又有何难？待我画来。"撸起衣袖，搬过桌凳，爬

①〔宋〕宋祁《枇杷》（《塘栖枇杷百咏》）。
②〔清〕周天度《丁山湖》（《唐栖志》卷十八）。
③〔清〕俞樾《序》（《唐栖志》）。

高就低，在正殿外墙上纵横挥洒。不多时，一株近两人高、硕果累累的枇杷树摇曳在眼前。

见惯了真枇杷的人们，见到这株假枇杷，无不啧啧称奇。于是，大家纷纷称这庙宇为"画师庵"。时间久了，德云庵这一原名反而慢慢被人淡忘了。①

① 〔清〕王同《梵刹》（《唐栖志》卷七）。

湘湖志：湖中风景最关情[1]

一

"万顷澄湖净绝尘，晴云片片缀秋旻。"[2]碧波荡漾、荷风阵阵的湘湖，在古人眼里，无疑是迷人的。

"两岸低山遮不住，越王台直上青霄。"[3]青山连绵、胜迹处处的湘湖，在古人看来，值得歌咏再三。

为家乡有这样一个美丽又富于人文底蕴的湖而自豪，萌生出编撰一部湖志的想法，是自然而然、迟早的事。

比如萧山戴村镇丁村人周易藻（1864—1936）。

事实上，在周易藻之前，早就已经有人研究湘湖、编写图志。

南宋绍兴二十八年（1158），因岁旱，八乡争水，萧山县丞赵善济议定《均水法》，为湘湖水利首创文献。

淳熙十一年（1184），知县顾冲重订《湘湖均水利约束记》，还著作了《萧山水利事迹》。

[1]〔明〕戴琥《湘湖》（《湘湖诗词》）。
[2]〔明〕倪朝宾《萧山八景·湘湖云影》（《湘湖诗词》）。
[3]〔清〕毛万龄《游湘湖》（《萧山湘湖志》卷七）。

明洪武十年（1377），知县张懋留心湖利，重起经理，撰《湘湖水利图记》。

清康熙年间（1662—1722），曾参与《明史》编修工作的毛奇龄，辞职归隐后，编撰了湘湖史上第一本关于湘湖水利的专志《湘湖水利志》，完整地记载了湘湖水利制度的发展过程。

康熙末年，有人提出湘湖放水穴口应该随时开放，萧山义桥人张文瑞立即表示反对，强调湘湖水利的特殊性，批驳了随时开放的观点，保证了湘湖水利的正常运行。为此，他撰写了《湘湖纪事》一文。

嘉庆元年至三年（1796—1798），萧山义桥人於士达，有感于湘湖各处的放水穴口或记载不详，或与早期记载出入较大，经过详细调查后，撰成了一部真正意义上的水利专著《湘湖考略》。22篇正文详细介绍18个放水穴口的位置、历史沿革及水利灌溉等相关情况，附录《湖贤事略》介绍了宋代杨时、赵善济，元代於善，明代张懋、魏骥、何舜宾、何竟等12位湖贤的事迹，全书精简、全面地记述了湘湖概况。①

二

决心编撰《萧山湘湖志》那年，周易藻62岁。

26岁中举的周易藻，之后却科名蹭蹬，一直未中进士。在广东中国银行任过职，在上海创立过书局，担任过萧山县参议会议员、参事，在戴村开办过"利亨纸栈"。总体看，周易藻时乖命蹇，一生坎壈，事业不顺利，仕途欠亨通。

① 蔡堂根《王熙和於士达》（《湘湖史话》第五章）。

连家庭生活也不如意。他曾娶三妻,育有五子八女,其中五子三女先后夭折。后来,他甚至连家乡都不敢居住了,只好搬到萧山县城,赁屋而居。

1921年(农历辛酉年),58岁的周易藻在湘湖缸窑湾买了一块地,营建了生圹,作为自己百年后的归宿。在圹边建了三间平房,取名"辛庐",贴了自撰的一副对联以自嘲:

读书不成名,著书未成卷,行年周甲,马齿徒增,悔当年浪迹飘零,万里轮蹄销壮志;
左傍至湖岭,右傍跨湖桥,太岁在辛,牛眠是卜,愿此后尘缘摆脱,一龛风月寄闲身。

老大无成的悲伤,漫天乌云般席卷了他。

辛庐

胸怀博大的湘湖，接纳了苦命的老男人。

从杨时筑湖，800多年来，毁湖复湖斗争不断。当时的湘湖因淤积严重，正发生激烈的开垦与禁垦之争。禁垦者虽一时占了上风，但周易藻认为不见得明智，而是赞成合理的、有计划的开垦。后来形势的发展，也证明了他眼光的前瞻性。

一日，有客过访，周易藻陪客人泛舟湖上。客从远方来，周易藻为他一一指点湖山佳处，并略述湘湖概况。当客人得知还没有《湘湖志》时，就极力鼓励周易藻编撰一部。

因为预见湘湖必将被开垦，湘湖风貌或将湮没，湘湖故事随之散佚，岂不令人惋惜？"湖深可测，世变不可测。"编撰一部《湘湖志》的念头一冒出，整个人就再也安定不下来。

想起《左传》上说的"三不朽"："太上有立德，其次有立功，其次有立言，虽久不废，此之谓不朽。"想起曹丕《与王朗书》里那著名的句子："人生有七尺之形，死为一棺之土。唯立德扬名，可以不朽；其次莫如著篇籍。"《典论·论文》里："盖文章，经国之大业，不朽之盛事。年寿有时而尽，荣乐止乎其身，二者必至之常期，未若文章之无穷。"每一句话都是一记重锤，撞击着他业已开始衰老的胸膛。

自己已年过花甲，立德扬名，是没有机会了；著书立说，还能以老迈之躯为之一搏。"世间富贵应无分，身后文章合有名。"这是自己与命运相抗衡的唯一的也是最后的一次机会了。

周易藻像

纵使所有的年轻人都躺平了,自己这个老头子也不能躺平。纵有一千个、一万个理由躺平,也有一千零一个、一万零一个理由不躺平。躺平,说白了,只不过是那些已经开始堕落的心灵为自己寻找一个聊以自慰的借口而已。"青春背我堂堂去,白发欺人故故生","倦游归来,皤然老矣"的周易藻,从原先的躺平模式切换成"996"工作模式,开始了夙兴夜寐、孜孜矻矻的前期搜集、后期编撰工作。

三

现在编一本方志,主任、副主任、委员,主编、副主编、编委一大堆,组一个豪华团队,是再平常不过的套路。而周易藻的编撰工作,只有他自己。一支笔,一双腿,一腔热忱,就是他的全部。

"一舸两桨,昕夕湖中。眺越城之高峰,访杨岐之古渡,虽烈日铄肌、寒飙砭骨,抚今吊古,到处流连,梭织经年,差穷赜隐。"①1925年下半年,湘湖边的人们总能看到一个头戴一顶竹编大斗笠、身穿青布长衫的花甲老人,精神矍铄,两眼放光,脚步稳健,肩挎装有文房四宝的袋子,奔走在乡间小道上,从一个村庄到另一个村庄,从一座砖窑到另一座砖窑,从一处墓园到另一处墓园。

白天,实地踏勘,访问老者。拨开乱草抄碑记,进门入户检旧箧,田间地头搜逸事。晚上,整理资料,记录所得。检阅各种文献,对比考订。昏暗的油灯下,一笔一画,一丝不苟。

那是向历史的幽深处、传说的褶皱处不断掘进的探索过程;那是原本自以为熟悉的事物不断地冒出新面孔的学习过程。

那是一段激情洋溢的日子;那是一段累并快乐着的时光。

心有多大,舞台就有多大。偌大的湘湖,湖边的群山,山中的村落,组成了一个巨大的舞台,而舞者,仅仅自己一人。周易藻仿佛能感受到,超越时空的观众正向自己投来欣赏的目光。

每一个不曾起舞的日子,都是对生命的辜负啊!自己不曾起舞的日子,太久太久了。

周易藻的野心很大,他要做一番前无古人的事业。《湘湖水利志》《湘湖考略》以考据湘湖水利为主,略显单薄,而自己编撰的《萧山湘湖志》,湖史、水利、湖贤、

①周易藻《自序》(《萧山湘湖志》)。

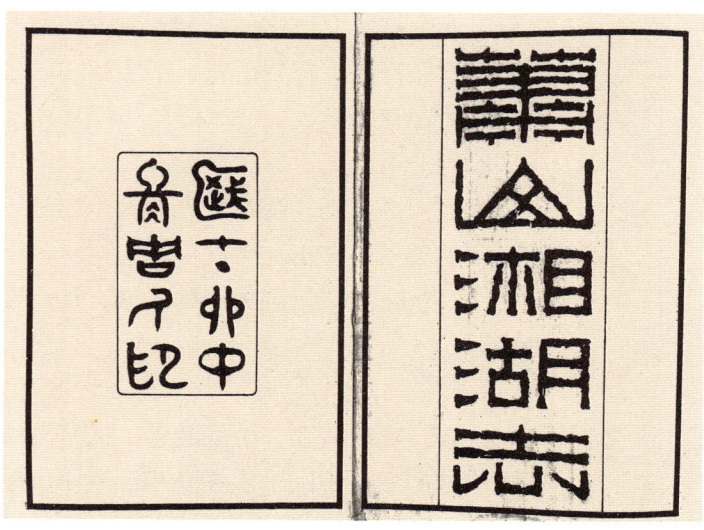

《萧山湘湖志》书影

文告、案牍、掌故、艺文、题咏、物产、窑所等等,将一一囊括:"首述龟山(杨时)建始,递及赵(赵善济)、顾(顾冲)、郭(郭渊明)、於(於善)之擘画,魏(魏骥)、何(何舜宾)、富(富玹)、张(张懋)之经营,暨宋元明清之案牍文告,骚人学士之文赋诗歌,下逮古迹、冢墓、名山、庵寺、村落、桥梁、水陆物产。"[1]备极完善,尽臻完美。

编撰过程中,他也得到了许多朋友的热忱帮助,尤其是当时的萧山县知事郭曾甗。郭曾甗是福州人,尊湘湖开湖者杨时为乡先贤。公余之暇,与周易藻等乡绅士子载酒游湖、诗文唱和。周易藻住处紧邻官廨,两人过从甚密。周易藻因此可以随时进出县衙,抄阅案牍文献。

从农历六月开始的工作持续到了年尾。一个阴霾沉沉的冬日,将雪未雪。家人都劝阻他,他却不以为然,

[1] 周易藻《自序》(《萧山湘湖志》)。

《萧山湘湖志》书影

说:"等到大雪铺地,我更无法出门。南面尚有糠金和大湾两个村未到,心里不踏实。"跟着相熟的船夫、老伙计老韩就出发了。不料,下午返程时,狂风大作,湖浪滔天,掀翻了小船,两人双双落水。幸亏船只已近岸,水不深,两人挣扎着爬上来。①

天寒地冻,滴水成冰。头天砚台里残余的墨汁次日都冻住了,需用热水一点点化开再磨墨才能用。为防磨好的墨汁再度结冰,周易藻把砚台架在生了炭火的手炉上。

历经大半年的辛劳,大雪纷飞中,八卷加"外编"一卷的《萧山湘湖志》脱稿了。"外编"卷记载了《韩强士经营湘湖意见书》等民国初期要求开垦湘湖的文献资料。

1926年又续编一卷。"续志"卷主要记载了当时萧

① 周加秋《周易藻撰写〈萧山湘湖志〉的故事》(《湘湖故事新编》)。

山县知事郭曾甑主张开垦湘湖受挫的经过。

1927年11月,自费付梓印行。①

轻轻摩挲着散发着油墨香的样书,大半生的失意,在这一刻,仿佛全都得到了弥补。

四

《萧山湘湖志》内容翔实、全面,包括湘湖水利制度沿革、侵占与清退的斗争、主禁与主垦的争论、水利设施、名胜古迹、湘湖特产、湖贤事迹、湘湖诗文、碑记档案等各方面内容,客观而完整地反映了湘湖的历史面貌和文化积淀。

湘湖掬星岛

① 方晨光《易藻潜心修志书》(《文脉湘湖》第三编)。

纵观历来湘湖专著，这是最为厚重的一部。其现实意义和历史地位，正如郭曾甗在序言中充分肯定的那样："形势改革，典章沦弃，案牍零乱，碑志磨灭。不有专书汇而存之，数十年后，知者希矣。先生守阙抱残，旁搜远讨，竭数月之力，成一家之言，足以信今传后，其有裨于桑梓，岂浅鲜哉！"

果真，1928年以后，开垦农场（1955年，"浙江省农林厅种子公司湘湖农场"正式改称为"地方国营浙江省湘湖农场"①）、创办学校（1928年10月1日，浙江省立湘湖乡村师范学校正式开学②）、建设乡村、生产砖瓦……湖，没了。

到湘湖重出江湖，4.64平方千米的启动区湖区开始引水，已经是2006年的事了。③

而《萧山湘湖志》，它一直在。

---

①蔡堂根《湘湖农场与湘湖建设》（《湘湖史话》第六章）。
②蔡堂根《湘湖师范》（《湘湖史话》第六章）。
③方晨光《湘湖大事年表》（《湘湖史》）。

第六章

陪伴是最长情的告白

湖畔修隐：林影溪声绕洞霄[1]

一

苏轼以其博大温暖的胸怀和磅礴俊迈的才情，赢得了无数粉丝，到哪里都会有人拿着自己的诗文来求他指点。

一天，诗风纵横奔放似李白、有"李白后身"之誉的郭祥正（1035—1113）路过杭州，拿着一轴诗找苏轼切磋。一见面，郭祥正不坐也不喝茶，而是声情并茂地朗诵起自己的作品来，"声震左右"。诵毕，眼巴巴地望着苏轼，忐忑地问："祥正此诗几分来？"苏轼痛快地答："十分。"诗友大喜过望，眉开眼笑，赶忙请教好在哪里。苏轼手指轻轻点了点桌上的诗稿，慢悠悠地说："七分来是读，三分来是诗，岂不十分也？"[2]

诗文要入苏轼法眼，不容易；要让苏轼叹服，难上加难。

这天，杭州通判苏轼办完公事下了班，正想到西湖边溜达溜达，放松一下。刚出市府大院，就见一位樵夫模样的百姓，双手高举，头顶一张白纸，看见他出来，

[1]〔清〕茅兆儒《秋日洞霄官遇雨和前韵》（《暇日寻幽入洞霄》）。
[2]〔宋〕胡仔《郭功甫》（《苕溪渔隐丛话》前集卷三十七）。

对着他扑通就跪倒在马路边。掌管粮运、水利、诉讼等事项的苏轼一惊,暗叫一声:"我的个娘哎,又有什么冤情搞拦轿喊冤这一套!"忙上前两步接过白纸,一看,却不是诉状,而是一幅秀润简远的春山图,笔力工妙,山容水态,曲尽变化。还配了一首诗,也是清雅可爱。只是不见题款。询之樵夫。樵夫答:"小人挑柴进城贩卖,半路遇见一个读书人,送给小人一吊钱,叫小人来此献画,确实不知他是谁。"

如此让人丈二和尚摸不着头脑的晋谒方式,也真是没谁了。苏轼手捧诗画,怅然若失。

被吊起胃口的苏轼,虽不可能拿手机"咔"拍张照片求助于万能的朋友圈,但毕竟交游广泛,不久就让他在惠勤、惠思、道潜、辩才、大通、清顺、可久、惟肃、

孤山六一泉("孤山孤绝谁肯庐?道人有道山不孤。"——〔宋〕苏轼《腊日游孤山,访惠勤、惠思二僧》)

义诠等杭州名僧诗僧圈中找到了谜底。果然是一位世外高人：李颀。

"有人辞官归故里，有人星夜赶科场。"原来，这李颀是个少年进士，觉得"世界那么大，我想去看看"，毅然抛弃了眼前的苟且，选择了诗和远方，弃官不做，寄情岩壑，到处游山玩水，潇潇洒洒，骑马仗剑走天涯。

当前李颀逗留之地，在临安大涤洞天。

二

"大涤之胜甲西浙，九锁山高亘寥沈。"①《浙江通志》记载："浙右山水之胜，莫如杭；杭山水之胜，莫如天目；天目之胜，莫如大涤洞天。"去余杭旧县城余杭镇西南18里，余杭与临安交界处，群山耸翠，林壑秀丽。有着2000多年历史的道教文化遗存洞霄宫，就坐落在大涤山天柱峰下。

汉元封三年（前108），创宫坛于大涤洞前，以作祈福之所。

唐弘道元年（683），敕本山道士潘先生迁于前谷，建"天柱观"。

唐乾宁二年（895），吴越王钱镠与道士闾丘方远（？—902）相度山势重建，改建后称为"天柱宫"。

北宋大中祥符五年（1012），四川阆中人、两浙转运副使陈尧佐（963—1044）奏改为"洞霄宫"。崇道的宋真宗（968—1022）赐额定名，同时，"赐仁和县田一十五顷，悉蠲租税。并赐钟磬法具等"。

① 〔元〕善庆《游洞霄》（《洞霄诗集》卷十）。

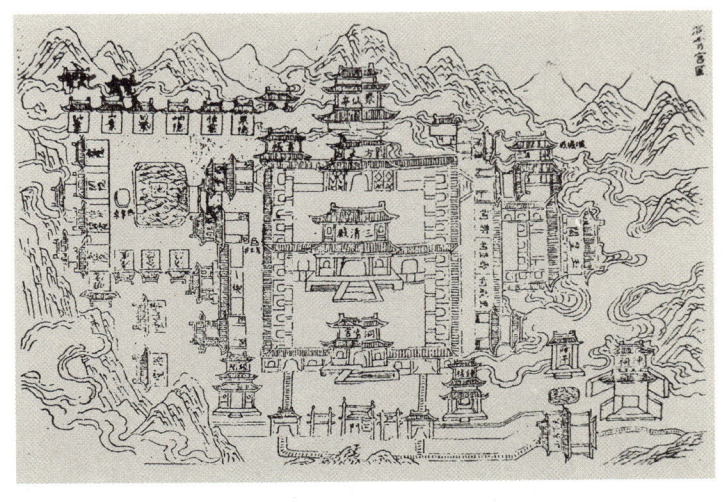

清乾隆闻人儒《洞霄宫志》中的《洞霄宫图》

第六章 陪伴是最长情的告白

宋天圣四年（1026），详定天下名山洞府二十处，杭州洞霄宫大涤洞为第五。①

宋朝时，杭州洞霄宫与嵩山崇福宫为天下宫观之首，往往以宰辅大臣之去位者，提举洞霄宫。方腊起事，洞霄宫废于兵火。

宋室南渡，绍兴二十五年（1155），宋高宗以皇太后之命，出内帑重建。洞霄宫成为距京城临安最近的宫观而盛极一时，有道士数百人，殿堂千余间，规模宏伟，殿宇巍峨。门有通真门、九锁山门、外门、双牌门、三门。宫门外有升天坛、虚皇坛、张大帝祠、叶天师讲堂、元同草堂等。宫门内有三清殿、昊天阁、璇玑殿、佑圣殿、龙王仙官祠，还有寿星堂、白鹿山房、北斗阁、东阳书楼、丹室、三贤祠、无尘殿、宜晚堂、对闲堂、松风庵、桂殿、

① 〔元〕邓牧《洞霄宫》（《洞霄图志》卷一）。

洞霄宫遗迹（"月来自落丹砂井，风吹不动云根石。"——〔元〕邓牧《大德辛丑六月游洞霄》）

洞霄宫遗迹（"一庵闲卧洞霄宫，井有丹砂水长赤。"——〔宋〕苏轼《与叶淳老、侯敦夫、张秉道同相视新河，秉道有诗，次韵》）

闾丘先生祠等。西庑后有上清道院、精思道院、南陵道院等。亭有翠蛟亭、飞玉亭、清音亭、翠微亭、采芝亭、祥光亭、宜霜亭、聚仙亭等。

乾道二年（1166），宋高宗以太上皇身份行幸洞霄宫，"驻跸累日"。此后，孝宗、宁宗、理宗屡次到访。提举洞霄宫这个职务，也慢慢地由原先的养老到后来的贬谪，再变为优宠与贬谪并存的形态。

有宋一代，任过"提举临安府洞霄宫"一职的，有米芾、章惇、蔡京、吕惠卿、周邦彦、杨时、李纲、范成大、朱熹、赵汝愚等约160人。

被道教尊为第三十四洞天的大涤洞、第五十七福地的天柱山，萧寂已久。而洞霄宫，如今只剩一片遗址，

洞霄宫遗迹（"林深已失藏丹处，山静犹闻捣药音。"——〔清〕张元旭《洞霄怀古》）

临安青山湖("借问邑人沉水事,已经秦汉几千年。"——〔唐〕罗隐《姥山》)

荆棘遍地,荒草丛生,湮芜得非常彻底。除了宫殿基础的痕迹还清晰可辨外,地面几无遗存,已经连"西风残照、汉家陵阙"那般的残碑断碣也难得看到了。

"金碧之丽,光照林谷;钟磬之作,声摩云霄。见者疑其天降地涌而神运鬼输也,可谓盛矣!"[1]感谢陆游作了一篇《洞霄宫碑》,让我们得以有机会脑补,凭借文字来拼凑洞霄宫当年的恢宏伟丽。

看今天的地图,洞霄宫西面,是临安青山湖;东边,是余杭南湖;洞霄宫恰恰坐落在青山湖与南湖的中间位置。

而早先的时候,洞霄宫是南湖的西界。

三

明崇祯九年(1636)九月十九日,中国历史上最知名的背包客徐霞客(1587—1641),在"迁延二载,老

[1]〔宋〕陆游《洞霄宫碑》(《渭南文集校注》卷十六)。

病将至"的焦灼中,"饮至子夜,乘醉放舟",从江苏江阴老家出发前往云贵,开始了他人生中最后一次长途游历。

十月初一日,天气晴好。迎着凌厉的西北风,徐霞客与一路同行的静闻禅师(?—1637)、仆人顾行登上宝石山,"南望湖光江影,北眺皋亭、德清诸山,东瞰杭城万灶,靡不历历"。

十月初三日,"自余杭南门桥得担夫,出西门,沿苕溪北岸行。十里,丁桥铺。又十里,渡马桥,则余杭、临安之界也。……又二里为青山,居市甚盛"。吃过晚饭的徐霞客,一边热水泡着脚,一边就着旅店的油灯,记下了青山镇的形势:"溪山渐合,又有二尖峰屏峙。"①

300多年后,1958年12月18日,青山水库建设工程动工,于临安"一县之水口山"公山与姥山之间修筑

① 〔明〕徐霞客《浙游日记》(《徐霞客游记》)。

淳安千岛湖

元同桥（"石桥春暖后，勾漏药成初。"——〔唐〕罗隐《题玄同先生草堂》）

大坝，1964年4月30日，水库主体工程竣工，由此，青山湖横空出世。①

没错，修建青山水库的首要目的是防洪。发源于东天目山的南苕溪，流过临安，流过青山，流向余杭，溪道多湾，一遇洪水，极易泛滥。历史上，临安水患不断。为了给南苕溪这匹桀骜不驯的野马套上笼头，在汇聚临安西南四溪之水的"一县水口"之地，一座人工大坝拔地而起。从此，继1955年始建、1960年建成的新安江水库（千岛湖）之后，杭州地区又多了一个大型人工湖。

集天目万山之水的青山湖，在正常水位25米时，东西长约4千米，南北宽约2千米，面积约8平方千米，最大蓄水量2.15亿立方米，保护了下游西险大塘的安全，杭嘉湖东部平原96万亩高产良田从此旱涝保收。水库的建成，也给当地带来了灌溉、发电之利，灌溉面积10万亩。

① 蔡涉《水库工程》（《青山湖志》第四篇）。

当然，有得也有失。青山湖共淹没土地 15107 亩，移民 1572 户、6002 人。"陌上花开，可缓缓归"①的钱王相思之路，"旌旗鼓吹，振耀山谷"②的钱王衣锦还乡之路，徐霞客充满艰辛和诗意的自助游线路，全淹没在了青山湖湖底。

世上不停地有新的路产生，也不断地有老的路荒废。

比如，苏轼"更欲洞霄为隐吏，一庵闲地且相留"的考察之路；比如，林逋在那个天高云淡的秋日的访友之路。

四

早上从孤山出发的时候，天朗气清。林逋前往洞霄宫访友的路，是人们常走的那一条："初从南湖历四井，霜清日出群峰静。"③沿着南湖湖堤一路西行，空旷的湖

---

①〔明〕田汝成《委巷丛谈》（《西湖游览志余》卷二十四）。
②〔明〕田汝成《帝王都会》（《西湖游览志余》卷一）。
③〔清〕厉鹗《游洞霄宫》（《樊榭山房集》诗词集卷二）。

余杭南湖（"南湖春物无人管，都付斜风细雨中。"——〔清〕厉鹗《南湖雨中》）

面上吹来凉爽的秋风，把全身的毛孔都吹舒张了，把整个人都吹得飘飘然了。

林逋游南湖的时候，距离东汉余杭县令陈浑开湖已近千年。千年的时光，南湖堤岸芳草萋萋，湖中小岛林木葱茏，早已是一派天然湖泊的模样。

比林逋更迟几百年的杭州人厉鹗（1692—1752）看到雨中的南湖就是这样：

夹竹夭桃蘸小红，水高鱼沪没芦丛。
南湖春物无人管，都付斜风细雨中。①

洞霄宫有风洞、车洞、西洞、龙洞等胜迹。对林逋尤其有吸引力的，是洞霄宫历史底蕴厚重，汉祠、唐碣、剑石、丹池等等，古迹多多。刻有文字的，林逋低头弯腰辨认、琢磨半天；留下传说的，林逋缠住朋友让人讲得喉咙冒烟。

往山里走，溪涧琤琮，层林尽染。山野的清气，林木的枯荣，野果的甜美，一切都让人愉悦、怡然。自己虽不能像贯休"闲云野鹤无常住，何处江天不可飞"那般洒脱，说走就走，但时不时离开西湖中的孤岛，到周边景区转转，也不失为无边岑寂中的一种慰藉。

黄昏时，淅淅沥沥地下起了雨。道友做晚课去了，客房里，只剩下林逋一人。秋雨落在窗前的芭蕉上，沙沙有声。秋风飒飒，暮雨潇潇，荒村古寺，夜长难眠。梧桐芭蕉夜雨，最是惹人情思。晚饭时喝下的酒涌上头，渗在骨子里的孤寂四处弥漫。这一生，得有多少孤独的时光啊！

① 〔清〕厉鹗《南湖雨中》（《樊榭山房集》诗词集卷七）。

第六章 陪伴是最长情的告白

洞霄宫遗迹（"更欲洞霄为隐吏，一庵闲地且相留。"——〔宋〕苏轼《和张子野见寄三绝句·过旧游》）

风雨无边，时空荒寂。而自己，在走向西湖、走向孤山的那一刻起，就走向了宿命，就已经过完了一生。

随手取过案头的纸笔，用文字与天地、与自己对话，用文字将紧闭的心扉缓缓打开：

> 秋山不可尽，秋思亦无垠。
> 碧涧流红叶，青林点白云。
> 凉阴一鸟下，落日乱蝉分。
> 此夜芭蕉雨，何人枕上闻？①

日月无声，水过无痕。人世悠悠，水远山长。一棵树在老去时，总会怀念它还是一株幼苗的时光。一个人在老去时，常会忆起初恋的甜蜜、青春的激荡。即便是惊鸿一瞥，也会成为残存在岁月里的吉光片羽，让人情

① 〔宋〕林逋《宿洞霄宫》（《林和靖集》卷二）。

深如初、念念难忘。

秉性傲放、耻事干谒，决心把隐居进行到底的林逋，诗作随写随丢。有人替他惋惜，问他何不录所著作品以传于后世。林逋淡然一笑，答曰："吾终志林泉，尚不欲取名于时，况后世乎？"①

第二天，告别之后，林逋回西湖去了。道友收拾房间，见桌上墨迹犹新的这首诗，行草瘦挺劲健，读来闲远冲淡，不禁如获至宝。

林逋诗名当世已盛。称他为"山中宰相"的范仲淹，赠他诗说"风俗因君厚，文章到老醇"。被称为宋诗"开山祖师"的梅尧臣（1002—1060），觉得他的诗"平淡邃美，读之令人忘百事"。宋代文学史上最早开创一代文风的文坛领袖欧阳修，对他十分推崇，认为西湖没了林逋，没了林逋的诗，就像丢了魂、失了神，"自逋之卒，湖山寂寥，未有继者"②。

时人贵重甚于宝玉的林逋诗，完全可以当作传家宝一般代代相传。道友将这首五律仔细品读了几遍后，慢慢折叠好，拿细绢包一层，拿粗纸包一层，拿油纸包一层，找一个花梨木匣儿装好，如包裹一个十世单传的新生儿一般，小心翼翼地保存起来。

同时尘封起林逋一段似有若无的刻骨相思。

五

苏轼也游过洞霄宫多次。有一次还与蔡准、吴天常、乐富国、闻人安道、俞康直、张日华等六人同游③，却从没遇上李颀。愈难见，愈想见。说来也巧，一次，两人

---

①〔宋〕袁韶《宋和靖林先生》（《钱塘先贤传赞》）。
②〔宋〕欧阳修《林逋善为诗》（《归田录》卷二）。
③〔宋〕苏轼《洞霄宫》（《苏轼诗集合注》卷十）。

在西湖边某个僧庐里邂逅了,各各欣喜不已。苏轼聊起李颀托樵夫用春山图打哑谜的趣事,两人不禁哈哈大笑,羡煞一众旁人。

世间所有的遇见,都是久别重逢。神交已久的他俩,谈得十分投机。酒逢知己千杯少,那一夜,两人诗酒订交,都喝高了。

没过几天,李颀给苏轼寄来两轴山水画,画上依旧题了诗。苏轼自然要和诗回赠。自视颇高的苏轼,真心写道:"诗句对君难出手,云泉劝我早抽身。"①

可惜,李颀的画和诗都没有流传下来。或许,李颀同林逋一样,既然不重当世之誉,自然更不在乎身后之名,诗画便也随就随弃了吧。

①〔宋〕苏轼《李颀秀才善画山,以两轴见寄,仍有诗,次韵答之》(《苏轼诗集合注》卷十一)。

洞霄宫遗迹("山自青青泉自洁,百年踪迹几苍苔。"——〔宋〕上官辰《游九锁》)

让苏轼叹服的李颀的诗画,早已遗失在时光的尘埃里。

让陆游大为赞美的洞霄宫,也早已消逝在历史的烟尘中。

许多故事已经淹没于湖底。而许多故事虽然还停留在人间,却也早已遗落于草莽。

湖山有情：正邪自古同冰炭

第六章 陪伴是最长情的告白

一

从北山街看孤山，一幢中西结合、飞檐翘角的二层小楼兀立水边，非常抢眼。这就是杭州人为纪念老市长林启（1839—1900）而建的林启纪念馆，又称"林社"。

林社

林启像（"为我名山留一席，看人宦海渡云帆。"——〔清〕林启《孤山赏梅诗》）

清光绪二十二年（1896）二月从衢州知府调补杭州知府的林启，在杭州的最大政绩是兴办学校，提倡农桑，并开笃实的士风。他是浙江大学前身求是书院、浙江理工大学前身蚕学馆、杭州高级中学前身养正书塾的创始人。三校为浙江省开创省立大学、职业学校和普通中学先河。

十年树木，百年树人。林启在杭先后创办了三所在近代浙江教育史上具有重要作用的学堂，并培养出一批具有国家栋梁之材的优秀学生。他这种敢为人先的思想和实际行动推动了近代中国教育体制的改革，在中国近代教育史上走出了一条独特的成功之路。

作为文化人，林启十分仰慕林和靖。为了表达对林和靖的敬意，恢复林和靖当年隐居时的环境，林启在孤山补种了百株梅树，让梅香永飘孤山。

林启为官清廉，对于公众事件，则是慷慨解囊。蚕学馆经费不足，他每年私贴补助，几乎倾其私蓄之所有。光绪二十六年四月廿四日（1900年5月22日），林启不幸病逝于杭州任上，享年62岁。噩耗传出，杭人悲痛失声。府衙门前，主动来吊丧的百姓，络绎不绝。夫人刘氏悲伤过甚，不久也随林公而去。

林公四子林楷青、林志恂、林松坚、林桐实从福建侯官赶来，欲扶柩回乡营葬。①

陈汉第（1874—1949）、陈敬第（1876—1966）、邵章（1874—1953）、何燏时（1878—1961）等杭城士民感念林启"守正不阿、精明笃实"之风范，为永志纪念，一心要把林公留葬在孤山。

一方要走，一方想留，双方就尴尬了。谁主张，谁举证。没有说得过去的相当充分的理由，你总不能强留吧？

有人苦劝：林知府虽是福建人，却是杭州的父母官。他为杭州人鞠躬尽瘁，等于是我们杭州人了。

不为所动。

有人抬出了林和靖，说：同姓林，同爱梅，同葬名山孤山为伴，同依名湖西湖长眠，不好吗？

不好。

一方苦口婆心地劝留，一方坚持己见说要走。

有心人急得如牛踩瓦泥——团团转。有人在林启书房里一页一页、一行一行搜检林公遗作，希冀翻出一点笔墨证据。翻寻得眼睛都花了，希望却如大海捞针一般渺茫。

经年不决。①

苦心人，天不负。忽一日，有人眼前一亮，一拍大腿，挥舞着手中的本子，高呼："有了！"众人正惊诧莫名，那人接着兴奋大呼："有证据了！"

一双双成败在此一举的眼睛都瞪圆了。那人指着本子上一行诗，原来是林启所作的《孤山赏梅诗》，其中有一句乃是："为我名山留一席，看人宦海渡云帆。"

名山者，孤山也。长眠孤山，林公遗愿。白纸黑字，铁证如山。大家欢欣鼓舞。

既有如此实锤，更感杭人之情真意切，林公四子不忍拂了众意，终于没再坚持。遂在孤山北麓林和靖墓左侧，购地安葬。陵墓建成之日，杭人举城来奠。西子湖上，群舟蚁集。细雨霏霏，湖水呜咽。

二

要说元初杭州人最痛恨者，非见宠于元朝开国皇帝忽必烈（1215—1294）的西夏僧人杨琏真加莫属。

杨琏真加最大的恶行，是带头发掘了南宋皇陵。

元至元十三年（1276），元军攻取临安府，后改为杭州路。至元十五年（1278）八月，"怙宠横行，穷骄酷欲，淫毒莫可名状"的"江淮诸路释教都总统"杨琏真加，在

---

① 郑晓沧《谋邦资卓识 兴学启新知——林启对杭州教育的贡献》（《元明清名城杭州》）。

"总制院使"桑哥（？—1291）支持下，率其党羽天长寺僧福闻、演福寺僧允泽等人，盗掘了绍兴宋陵，窃取陵中珍宝，①"断残肢体，攫珠襦玉匣，焚其胔，弃骨草莽间"②。

更令人发指的是，砍下宋理宗的头颅，"镶银涂漆"，制成酒器，献给帝师八思巴（1235—1280）。

幸有绍兴人唐珏（1247—？）、温州平阳人林景熙（1242—1310）等几人，收拾六陵遗骨，裹以黄绢，葬于兰亭，植冬青树为识。以四郊暴骨埋入陵中。③

九月，杨琏真加复取假骨运至杭州，杂以牛马枯骨，在南宋故宫中筑石塔镇压。塔名"镇南塔"。

又在南宋故宫殿址建起报国、兴元、般若、仙林、尊胜五寺，将南宋宫殿全改成寺院，想永远压制住汉人的气运。

每一波操作都是拉仇恨的节奏。

偏偏这个被杭人视为"西域妖僧""掘坟贼"的番僧，贪恋西湖灵隐湖山之美，虽自知作恶多端，自己长眠之地若选在杭州肯定没有好果子吃，仍利用负责在杭州开凿石窟佛像的机会，夹带私货，将自己和帮手福闻、允泽三人石像杂于佛、菩萨像中，妄图借此永生。

元代杭州的石刻造像，集中在灵隐飞来峰一带。刻制年代始自至元十九年（1282），终于至治二年（1322），前后长达40年，数量多，规模大，为国内之最。雕刻精美，造型奇伟，赋顽石以生命，有"跃然欲离石而出"之感，堪称中国窟龛造像史上最后一抹光辉。④

200多年过去了。

阴谋差点就得逞了。

明嘉靖二十二年（1543）二月，福建福清人、杭州知府陈仕贤，认出了这三尊石像，不禁狞髯张目，大声叱骂："髡贼，髡贼！胡为遗恶迹以蔑我名山哉？"

命斩之。

顷刻之间，身首异处。

闻者莫不额手称庆。①

三

自康熙五十六年至雍正五年（1717—1727），不过10年之间，江苏人李卫（1688—1738）从一个从五品的员外郎闲职，一路升任浙江巡抚、浙江总督，成为朝廷一品要员、封疆大吏，其升迁可谓搭上了直升机。

然而李卫并无显赫的家庭背景，也没有抱谁的大腿，走哪位要员、高干的门路。他之所以升迁得快，总结经验，无他，就一个字：干。

康熙、乾隆祖孙两帝先后共11次来西湖探奇览胜，走遍了西湖的山山水水，留下了大量题咏，对"风光被草木，无处不成欢"的景色无限眷恋，自称在湖上有"无边之乐"。这背后就有历事康、雍、乾三朝的李卫的身影。②

雍正年间（1723—1735），西湖"淤泥菰苇，充塞

---

① 〔明〕田汝成《板荡凄凉》（《西湖游览志余》卷六）。
② 冷晓《西湖览胜》（《康熙、乾隆两帝与西湖》）。

玉带晴虹（"爱渠香阵随人远，行过高桥方买船。"——〔宋〕王洧《曲院风荷》）

淤漫，问所为六桥两堤及其他古迹，则倾圮相望，甚至莫能指目其处"①，周围仅存22里。外湖已大半变为湖田。朝廷下令疏浚，由浙江巡抚李卫、两浙盐驿道副使王钧具体负责。从雍正二年（1724）开始，至雍正四年（1726）全部完工，费银37629两，将里湖、外湖3122亩淤浅、葑滩之处全部挖深、开浚。浚湖面积占当时西湖总面积的36%强。将百姓所占田荡照西湖旧址清理。这是清朝规模最大的一次西湖治理。②

李卫在疏浚西湖的同时，对西湖周边名胜古迹如万松书院、钱王祠、岳王庙、灵隐寺等进行了大规模的整修，并兴建了花神庙、竹素园、功德坊、碧血丹心坊等不少新的名胜，给西湖新添了"功德崇坊""梅林归鹤""宝石凤亭""湖心平眺""吴山大观""天竺香市""云栖

① 〔清〕李卫《西湖志序》（《西湖志》）。
② 倪士毅《人物之都会 财赋之奥区——元明清时期杭州概述》（《元明清名城杭州》）。

梵径""韬光观海""西溪探梅"等"西湖十八景"。①

雍正八年（1730），李卫筑堤于东浦桥之南，西接金沙涧，名"金沙堤"。又在堤的中段建玉带桥，桥上盖亭，形如飞鸟张翼，取名"玉带晴虹"，列为"西湖十八景"景目之一。

又在万松岭补种松树万株。先后筑洗心亭于玉泉，筑西爽亭于孤山，筑来凤亭于宝石山。在丁家山辟磴级、除榛莽，建八角亭，可俯瞰西湖全湖。

虽然学历不高，但李卫对文人、对文化事业非常看重。雍正九年（1731），李卫开局编纂《浙江通志》。考虑到西湖的志书自从明代田汝成《西湖游览志》之后，已经长久没有续编了，于是用编纂《浙江通志》的原班人马47人，以原翰林院编修傅王露（1678—1763）为总修，原礼部右侍郎沈德潜（1673—1769）、浙西诗派和浙西词派的代表厉鹗等人为分修，孜孜不倦，历时5年，于雍正十三年（1735）编成《西湖志》48卷。

《西湖志》体例精当，资料详备，史实准确，是一部总结9—18世纪西湖发展变化的扛鼎之作，篇幅浩繁，征引赅博，号称"西湖第一书"，是"西湖文化学"的起点，是最权威的一部古代西湖百科全书。

雍正九年（1731），李卫在栖霞岭南麓、苏堤跨虹桥西创建湖山神庙，祀湖山之神。庙中塑神像，称湖山正神；旁边塑有13个女像，为12个月及闰月花神，还有四时催花使者像，"绚烂衣裳，各就其月之花以为识"②。

实际上，此庙是利用明宦官魏忠贤（1568—1627）的生祠改建而成。

①〔清〕翟灏等《十景》（《湖山便览》卷一）。
②〔清〕张仁美《西湖记游》。

这时候，李卫私心大爆发了：他自塑其像为湖山正神，偷偷放在众花神之中。后楼另塑小像，把他的正夫人及左、右夫人之像杂放其中。

每逢春社祭祀土地神的日子，杭城士女蜂拥而至，"画鼓灵箫，喧阗竟日"，盛况空前，时称"湖山春社"。

李卫的小计谋差点就成功了：自己为杭州为西湖做了那么多实事，身后不能像含冤而死的广东人周新（？—1412）那样大张旗鼓地被皇帝追封为浙江都城隍，悄悄地做一个小小的西湖湖山正神，总不算为过吧？

奈何他运气不佳，遇到了一位懂眼的皇帝。

乾隆四十五年（1780），乾隆皇帝南巡至杭州，到花神庙游览，见花神一个个都高贵典雅，唯独湖山正神像个世俗之人，就召对随行的文渊阁大学士嵇璜（1711—1794），问："怎么回事呀？"

嵇璜答："这是李卫像。李卫总督闽浙时，塑其像于花神之中。东楼二女为其所最宠爱的夫人。"

乾隆又问："李卫旁边坐的是什么人？"

"这是季麻子，善说稗官野史，李卫非常喜欢他，因此让他坐在旁边。其他着蛮靴、穿短衣的，都是李卫的随从仆人。"嵇璜继续递刀子。

好你个李卫，真是一人得道，鸡犬升天，敢情你一大家子都成神成仙了？乾隆勃然大怒："李卫本是一个商人，怎敢如此狂悖？"立刻命人毁去李卫等一众塑像，丢入西湖，改塑湖神，后楼改塑花神、花后两像。①

① 徐吉军《李卫大力治湖修筑金沙堤》（《西湖之堤》第一章）。

湖山乐丘：一水涵空宝鉴开

一

财务自由、时间自由、心灵自由，当今无数人向往却又难以企及的人生三大自由，12 岁中秀才、24 岁中进士、34 岁辞官下海的杭州人袁枚，40 岁左右就全部实现了。

文笔与大学士纪昀（1724—1805）齐名，时称"南袁北纪"，与赵翼（1727—1814）、蒋士铨（1725—1785）并称"乾隆三大家"，学霸袁枚之所以能，在于他是一位非常有套路的营销大师。

话说，清乾隆十三年（1748），袁枚在江宁（今南京江宁）知县任上买下了一处名叫"隋园"的园子。

占地 300 余亩的隋园位于金陵西北的小仓山北麓，曾经是曹雪芹（1715—1763）祖父曹寅（1658—1712）家的后花园。雍正帝的宠臣隋赫德，当年负责查抄曹家。雍正帝为了奖赏他，让他接任江宁织造郎中，顺手将曹家家产赏给了他。这座园子便跟着隋赫德改名为"隋园"。风水轮流转，这隋赫德是个贪腐之人，后来也被抄家。

隋园大遭破坏，从此荒弃。袁枚捡了个大便宜，拿出俸禄积蓄，只花了300两银子就买下了。

乾隆十四年（1749）辞官下海创业的袁枚，重金请高人设计规划整修隋园。他说："随其高，为置江楼；随其下，为置溪亭；随其夹涧，为之桥；随其湍流，为之舟。"①"治之有年，费千金而功不竟。"②说园子有意仿他老家杭州西湖，"为堤，为井，为里、外湖，为花港，为六桥，为南峰、北峰"③；如何如何对园子"一造三改"……园子还在建，却早已将人们的胃口高高吊起。

又改"隋园"为"随园"，取"随遇而安、跟随时俗"之意。同其音，易其义，一字之别，意境呼之欲出。

经过2年多开池沼、起楼台的悉心营造，随园初具规模，挑好良辰吉日即将开园。正当人们担心随园门票会不会也随心所欲要好多银两时，袁枚请人一天之内拆光围墙，宣布说："放鹤去寻三岛客，任人来看四时花。"④随园不收门票，免费游览。

期待已久的人们蜂拥而至。不仅南京，甚至江南，乃至于整个大清朝都知道袁枚这一"疯狂"的举动了。袁枚和随园一下子登上了大清热搜榜。随园迅速蹿成全国网红打卡地、江南著名旅游目的地，被广大游客誉为"良心景区"。

敏锐地察觉到粉丝经济的巨大盈利空间，吃货一枚的袁枚，立马抓住流量热度，写了一系列美食文章，后来汇总成为《随园食单》。这部食单内容丰富，分类细致，极力渲染自家私园食物的精致和家厨烹调的水准，撩拨爱美食的吃货们的味蕾，堪称清代版的米其林星级餐厅食谱。

①〔清〕袁枚《随园记》（《小仓山房文集》卷十二）。
②〔清〕袁枚《随园后记》（《小仓山房文集》卷十二）。
③〔清〕袁枚《随园五记》（《小仓山房文集》卷十二）。
④〔唐〕杜荀鹤《题衡阳隐士山居》（《全唐诗》卷六九二）。

同时开起餐馆，进军餐饮界。

客人来了，他总是叫人将餐桌摆放到景致优美、环境幽雅的亭榭里，并且安排自养的歌妓为大家歌舞助兴。一般酒楼顶多只有美食而已，可随园饭店，不仅有美食，还有美景、美女。所以随园的餐饮一登场就碾压同行，生意十分火爆，往往得提前数日预订才有坐席。

在人才济济的大清朝，想当网红并不容易：每天勤奋地写诗题词的乾隆皇帝，是官方指定的全国第一网红；文学界，曹雪芹、蒲松龄（1640—1715）等大咖林立，纳兰性德（1655—1685）一句"人生若只如初见"红了300年，至今仍有大把粉丝；美术界，以杭州人金农（1687—1763）、兴化人郑燮（1693—1766）领衔的"扬州八怪"组合红透半边天；政界，同辈的刘墉（1720—1805）、纪昀等相继成为政坛大佬。

美食界大咖却只有一个，那就是700年前的杭州市长苏轼苏东坡。苏东坡当然很难超越，但因为年代过于久远，时代需要新偶像。一番综合考量之后，袁枚决定，就在美食领域深耕了，借力"饭圈文化"，跑马圈地。

在一次美食分享会上，像许多当红明星一样，袁枚假装很不经意地刻意说了一句："雪芹撰《红楼梦》一部，备记风月繁华之盛，中有所谓大观园者，即余之随园也。"

哎哟喂，随园就是《红楼梦》大观园原型，这可不得了。关键是著作权人曹雪芹并没有发表任何"严正声明"，更没有状告袁枚侵权，等于是默认了。如此一来，不光草根们想看看有钱人的后花园到底长什么样，清朝上流社会也都个个产生了浓厚的兴趣。是不是原型不重要，重要的是这是自己偶像家的园子，这是贾宝玉、林黛玉们生活游乐的场所。

随园火爆到什么程度呢？大小官员无论是出差还是路过，到了南京一定要去随园，而且当地的地方官也都会在随园设宴款待。来人实在太多，以至于把园门门槛都踏破了。袁枚孙子袁祖志（1827—1898）在《随园琐记》中记载："每年园门之槛，必更易一二次。"

天下熙熙，皆为利来；天下攘攘，皆为利往。世人慌慌张张，不过是图碎银几两；偏偏这碎银几两，能解世间万种慌张。"三年清知府，十万雪花银。"人人在为钱奔忙、为钱发愁的奇葩社会，也就人人缺少尊严。比如曹雪芹，只会生产内容，不会商业运营，日子恓惶拮据：住，是"茅椽蓬牖，瓦灶绳床"；食，则"举家食粥酒常赊"，为了活着不得不拼尽全力。而袁枚注重的是网红一定要有高收入，所以，他开始做运营了。

当随园炒热，个人知名度急剧上升，袁枚抓住时机扩大经营范围。除了将随园田地、山林、池塘租给13户人家，供其种植粮食、蔬菜、瓜果、树木，种菱植藕，养鱼育虾，收租就能躺赢外，还开始在园子里写书卖书。

美食书籍《随园食单》一印再印。可以附庸风雅的《随园诗话》、适合大众阅读的通俗小说《子不语》等，成为人们争相购买的畅销书。麾下的50多位女弟子中，以"袁家三妹"三妹袁机（1720—1759）、四妹袁杼（约1727—约1776）、堂妹袁棠（1734—1771）及席佩兰（1760—？）、孙云凤（1764—1814）、钱浣青为代表的20位女弟子的诗作，也陆续刊行。

在"女子无才便是德"的封建社会，袁枚以一己之力，开了专收女弟子的先河，可谓石破天惊、开天辟地。

尽管不出所料地遭到了众多卫道士长年累月的攻讦，他却始终不为所动。主张诗文创作应该抒写性灵，与赵翼、张问陶(1764—1814)并称"乾嘉性灵派三大家"的袁枚，门下桃李竞发。一部《随园诗话》，选录了才女们大量的佳作和警句。

时不时地举办新书发布会、签名售书、书迷吃货互动等活动，更是让袁枚的知名度节节攀升。"《随园诗文集》，上自朝廷公卿，下至市井负贩，皆知贵重之。"乃至"海外琉球，有来求其书者"。[①]写书，印书，售书。仅仅卖书一项，袁枚一年即可收入白银逾1000两。

这是个什么概念？

根据清乾隆《大清会典则例》卷五十一《户部·俸饷》所示，清朝文武官员每年俸银：一品180两……七品45两。乾隆年间（1736—1795），一个北京普通老百姓，月收入大约2—3两银子，一年不过二三十两。

精心策划，步步为营，"一代骚坛主"袁枚将随园打造成了个人提款机，"一个亿小目标"轻松实现，赚到了人生第一桶金，不必再为钱而纠结而奋力拼搏，不必再在生存和生活之间苦苦挣扎，不必再于各种压力和愁苦中度过一生大多数时间。

由此，靠养蚕织布过活的小户人家出身的寒门子弟袁枚，一介草根，"康乾盛世"下的蝼蚁，知识改变命运，凭个人努力成功地实现了阶层跃迁，幸运地成为"先富起来"的那一小部分人，以地主、作家、评论家、出版商、美食家等多重身份，荣登胡润全球白手起家富豪榜，开启了让人艳羡的开挂人生，跨越了看病难、住房难、上学难这人生"三座大山"，实现了财务自由、时间自由、

[①]〔清〕姚鼐《袁随园君墓志铭》（《惜抱轩文集》卷十三）。

心灵自由这人生"三大自由",诗意地栖居在华夏古老的大地上,生活体面,现世安稳,岁月静好。

谛视清朝300年,袁枚并不是清朝第一网红,但他却是最会赚钱的网红,没有之一。

而一直要等200多年后,2002年10月起,杭州西湖景区免收门票,成为全国第一个免费开放的5A级风景区,杭州老乡才算是向这位乡先贤学到了一点营销艺术的皮毛。

即便居家如居西湖,居他乡如居故乡,生于杭州、长于杭州的袁枚,也常回家看看。他眷恋西湖的诗作很多,如这一首:

> 一轮月,一个我,半夜断桥相对坐。
> 湖光照月月增清,月色当湖湖更大。
> 满湖烟起将山蒸,山容若睡唤不应。
> 我亦下桥觅归路,紧认僧庵一点灯。①

有人将杭州人的文化性格归纳成八个字:时尚、敢为、务实、包容。你品,你细品,说的不正是300年前深夜游湖独坐断桥的这位"随缘"老人吗?

二

一日,路过南京的一位尚书慕名前来游园,袁枚亲自陪同游玩。随园一圈转下来,尚书赞不绝口,兴致颇高。来到书房,喝茶聊天。袁枚从架上抽出一册畅销书《随园食单》,签名之后,钤印盖章。

袁枚印章很多,光藏书印就有"道素之门""百石

---

① 〔清〕袁枚《月夜断桥独坐》(《小仓山房诗集》卷二十六)。

山房""华里神仙""此间乐""子才一阅"等。这天随手拿起一枚印章一盖,双手奉上新书:"请尚书大人雅正。"

尚书大人乐呵呵接过新书,一看鲜红的章,"钱塘苏小是乡亲",妈呀,顿觉被辣了一下眼睛,怫然不悦。刚开始还摇头表示不屑,接着就以一副道德高地占据者的嘴脸,说教起袁枚来,什么满身缺乏正能量啦,伤风败俗的娼妓啦,越说越难听。

"湖山此地曾埋玉,花月其人可铸金。"苏小小在袁枚心中,既像邻家女孩,又像高贵女神,是江南才女,是绝代佳人,是西湖形象代言人,是自己心目中偶像一般的存在,岂容你这般满嘴仁义道德、满肚男盗女娼的官油子、老戏骨如此放肆地玷污?"大历十才子"之一韩翃(719—788)的诗句"吴郡陆机称地主,钱塘苏小是乡亲",难道你没读过?大家作为成年人,任何时候都不该对他人进行道德绑架的道理,难道你不懂?

大哥,你我二人刚才还走斝传觞、把酒言欢,其乐融融,怎么画风说变就变,友谊的小船说翻就翻呢?怎么这一章之故,你就好像被正义上了身?天知道你怎么就代表正义了!

人人明白"闻道有先后,术业有专攻"的道理,你哪儿来的啥都敢指导、谁都敢批评的迷之自信?是你的官位吗?不要以为人家表面恭维你,就是发自内心尊敬你。你不知道官位骄傲是所有骄傲中十分廉价的那种吗?当一个人自身没有可以自傲的品格、成绩,只能用官位来弥补其不足,好意思吗,你?韬光禅师劝止欲效法前任筑亭西湖边的白居易的那一句"刺史复刺史,刺史何其多",没听说过吗,你?!

人家客客气气招待你吃喝，招待你玩乐，你倒好，转眼就化身心灵导师，数落起人家来没完没了。看来是被所谓的正能量洗脑太多、入戏太深了，动辄把自己演成"伟光正"。这是病，得治。

严以律人、宽以待己的尚书还在滔滔不绝，超级演说家一般越说越来劲，唾沫星子都溅到袁枚脸上了。袁叔很生气，后果很严重。乾隆皇帝第二次南巡想游玩随园、住在随园都敢一口拒绝的袁枚，火星乱冒，实在忍无可忍，翻了翻白眼，回敬道："大人能否容在下辩驳一二？"

"你说！"口角泛着白沫的尚书犹自气鼓鼓余怒未消。

袁枚嘴角一撇，说："大人以为此印用得不妥，有伤风化，是吧？从今天看，大人官居一品，以为苏小低贱，但恐大人百年之后，人们只知有苏小，而不会知道有大人您了。"①

一句实事求是的大实话差点没把尚书大人噎半死。

三

西湖名人墓葬多。其中知名度最高的，莫过于走庙堂路线的岳坟与走民间路线的苏小小墓。

如果说西湖是美女，那么苏小小墓就是美女额头上的一颗美人痣，灵动了原本娴静的湖。

如果说西湖是画图，那么苏小小墓就是画卷尾端必不可少的一枚印章，定格了西湖这幅江南山水画的代表作。

①〔清〕袁枚《随园诗话》卷一。

苏小小墓（"不知谁共穴？徒愿结同心！"——〔唐〕张祜《题苏小小墓》）

是西湖的气质塑造了小小。

是小小的故事丰满了西湖。

"幽兰露，如啼眼。无物结同心，烟花不堪剪。草如茵，松如盖。风为裳，水为佩。油壁车，夕相待。冷翠烛，劳光彩。西陵下，风吹雨。"——这是唐代"诗鬼"李贺（790—816）的《苏小小墓》歌。

"西陵桥，水长在。松叶细如针，不肯结罗带。莺如衫，燕如钗。油壁车，斫为柴。青骢马，自西来。昨日树头花，今朝陌上土。恨血与啼魂，一半逐风雨。"——这是明代文学家袁宏道的《西陵桥》。

明末清初的杭州人陆次云，一天陪一位南京朋友游西湖。朋友想找冯小青墓、苏小小墓，怅不可得。陆次云只得宽慰他说："咏巫山者，谓'朝云暮雨连天暗，神女知来第几峰'；泛洞庭者，谓'日落长沙秋色远，不知何处吊湘君'。引人入胜，正在缥缈之际。子于二美，亦当作如是观。"①

"苏小墓在西泠桥侧。土人指示，初仅半丘黄土而已。"乾隆四十五年（1780），"圣驾南巡，曾一询及"。乾隆四十九年（1784）春，乾隆皇帝再次南巡时，"则苏小墓已石筑其坟，作八角形，上立一碑，大书曰'钱塘苏小小之墓'。从此吊古骚人，不须徘徊探访矣"。②——这是清代苏州人沈复（1763—1832）记载的苏小小墓。

道光十年（1830），苏小小墓修葺一新，上盖亭曰"慕才"。集古人名句作联，镌于亭柱。出资者乃参谋杭州将军帐下投军之辈。③——这是清代杭州人姚礼记录的苏小小墓。

1955年，苏小小墓被迁往茅家埠。所幸在周恩来（1898—1976）总理直接关怀下，苏小小墓不久得以迁回西泠桥畔原址。

1964年12月2日，苏小小墓及石亭、武松墓牌坊一夜之间被彻底平毁。

2004年，为了充分恢复深受普罗大众欢迎的西湖人文景观，苏小小墓和武松墓得以在原址重建。④

一座坟，能建了毁、毁了建，能像一个城市的精神图腾一般世代延续；原本让人肃穆、悲戚、忌讳、趋避的坟茔，却能在人来人往的西子湖畔、西泠桥头，让人亲切，让人流连，让人依偎，让人扪之抚之，让一颗千年前消逝的芳魂在千年后还能感受到多情男女的体温，

---

① 〔清〕陆次云《苏小小墓》（《湖壖杂记》）。
② 〔清〕沈复《浪游记快》（《浮生六记》卷四）。
③ 〔清〕姚礼《苏小小墓》（《郭西小志》卷七）。
④ 沈建中《儿女英雄苏小小、武松墓》（《西湖名人墓葬》）。

考察古今，放眼中外，还有第二座吗？

巧的是，苏小小也极善营销。那帷幔飘飘的油壁车，就是她兰心蕙质的自我包装，就是带有她强烈个人色彩的宣传车。可那时没有手机，没有网络，没有亮灯灭灯的相亲电视节目，该怎么推介自己呢？一个女儿家，总不能直接把自己家庭住址喷涂在车上吧？这难不倒苏小小。见帅哥们一个个只管跟着车儿猜度，苏小小也不回他长短，只是信口朗吟道：

燕引莺招柳夹途，章台直接到西湖。
春花秋月如相访，家住西泠妾姓苏。①

短短一首广告诗，就起到了绝佳的广告效应："豪华公子、科甲乡绅，或欲谋为歌姬，或欲取为侍妾，情愿出千金不惜，纷纷来说。"②

梁山伯、祝英台坟开化蝶，扇着翅膀，以一种爱情自由的终极方式，超越了爱情，超越了生命本体。

苏小小芳魂永驻西湖边。苏小小墓，以一个世俗符号的形式，印在了古往今来多少痴男怨女柔软的心头。

而岳坟、苏小小墓，这"英雄"和"儿女"，就构成了西湖的刚柔组合。曾任清廷两广总督等职的安徽建德（今属东至）人周馥（1837—1921）写道：

岳王坟上柏苍苍，苏小坟前几绿杨。
儿女英雄各千古，多他裙屐蕙心香。

"吾辈来西湖，有不可不吊者三人：秋瑾、苏小小、冯小青也；有不可不拜者三人：岳鄂王、林和靖、苏子

①②〔清〕古吴墨浪子《西泠韵迹》(《西湖佳话》卷六)。

瞻也。"①

儿女情长也好，英雄气短也罢，终成了一个个故事、一个个传说，任历史演义，随后人感怀，与湖山相映，在江湖流传。②

四

西湖边墓地迁移挫折风波之多者，当属秋瑾（1875—1907）墓了。

"身不得，男儿列。心却比，男儿烈。"③绍兴人秋闺瑾，这位已是两个孩子母亲的女人，1904年7月自费东

秋瑾像（"身不得，男儿列。心却比，男儿烈。"——〔清〕秋瑾《满江红》）

---

① 吴恭亨《题署》《对联话》卷二）。
② 沈建中《前言》（《西湖名人墓葬》）。
③ 〔清〕秋瑾《满江红》（《秋瑾集》）。

渡日本留学，嫌"闺"字太柔气，自己删之，从此成了秋瑾，并改字"竞雄"，自号"鉴湖女侠"。

1906年9月，秋瑾与浙江桐乡人徐自华（1873—1935）泛舟西湖。船经岳坟，秋瑾神色严肃，说："身入革命门，总有牺牲者。若能葬身西泠，坟邻岳王墓，为福多矣！有朝一日倘为革命捐躯，就请为我成全。"

徐自华慨然应答："定然遵办。我若死于革命，也埋葬于此！"

由此，两人订下"埋骨西泠"之约。

清光绪三十三年六月六日（1907年7月15日）凌晨，中国同盟会浙江分会主盟人、绍兴大通学堂督办秋瑾，就义于绍兴轩亭口。

秋瑾的遗体，先由同善局殓棺蒿葬于绍兴郊外卧龙山下。后来秋瑾的家人雇人移榇至常禧门外严家潭殡舍暂厝。

秋瑾莫逆之交为完成她"埋骨西泠"的遗愿，桐城县高甸（今属安徽省枞阳县）人吴芝瑛（1868—1933）购地，徐自华营葬，将灵柩外加木椁从绍兴护送到杭州，清光绪三十三年十二月二十二日（1908年1月25日），葬于西泠桥畔。

1908年秋，清政府勒令平坟，当年12月，灵柩又被运回绍兴。

1909年秋，秋瑾夫家人以其子王沅德（1897—1955）的名义，千里迢迢将灵柩迁葬于湖南湘潭昭山。

西泠桥（"西陵桥，水长在。松叶细如针，不肯结罗带。"——〔明〕袁宏道《西陵桥》）

1911年，辛亥革命爆发。1912年9月29日，秋瑾灵榇在社会活动家陈去病（1874—1933）、胞妹秋闺珵（1878—1942）等人护送下从湖南起程，途经上海、嘉兴，在上海永锡堂举行追悼大会，10月27日运至杭州。1913年夏历六月六日，秋瑾殉难6周年纪念日，烈士灵柩被第二次葬在西泠桥畔。

1965年1月末，西湖风景区最后一座名人墓——秋瑾烈士墓被彻底平毁，遗骨被置入坛中，草草迁葬鸡笼山麓。

1981年10月，适值辛亥革命70周年，杭州市政府将秋瑾遗骨迁回西泠桥堍。墓的形式改为以秋瑾挂剑立像为主，依山面湖，松柏森然。一代"巾帼英雄"，为旖旎温濡的西湖增添了凛然英气、浩然正气。①

① 沈建中《巾帼英雄秋瑾墓》《西湖名人墓葬》）。

小小、秋瑾，一个20出头，一个30出头；一个美女，一个侠女；一个女中至柔，一个女中至刚：就这样，穿越时空，穿越阶层，穿越革命与爱情，以西泠桥为臂，握手到了一起。所有关于女儿家的悄悄话，所有关于女人花的家常语，她们有的是时间，可以从头开始，慢慢聊。树林间小鸟的啼啭，是她们轻盈的细语；湖面上荡漾的涟漪，是她们欢畅的笑颜。

西湖因有了小小、秋瑾，愈发显得温婉、灵动。

五

都说做人要低调，因为这个世界从不缺牛人。

参加过《永乐大典》编修，历任太常博士、南京太常寺少卿、南京吏部尚书，历仕永乐、洪熙、宣德、正统、景泰5朝，5次申请退休4次被拒、77岁高龄才得以告老还乡，这样的人，放在任何一个朝代都算得上妥妥的牛人。这个人就是萧山人魏骥。

关键是魏牛人还十分低调，而且是骨子里的那种低调。

辞官回家途中，所乘的小船在渡口被拦住盘查。接他的儿子为了避免不必要的滞留，便挂出一品大员仪仗。魏骥见了，命其立即撤去，斥责道："难道你想凭借这种东西吓唬人吗？"

退休后的魏骥完全是平头百姓的穿着。一次提着篮子去杭州，在朝天门外偶遇钱塘县主簿出行队伍，仓促之间，回避不及。衙役瞪着眼、戳着指，冲上来一下子把他推搡到主簿轿前。

主簿慢慢从轿窗探出头,上下打量了一眼这个气定神闲的老农,耷拉下眼皮,问:"你谁呀?"魏骥答:"我是萧山魏骥。"魏骥官话不标准,"魏骥"之音接近"会稽"。主簿误以为老农有意戏弄自己,怒火中烧,瞪大双眼,喝道:"你再说一遍!"魏骥只得作为人形复读机再说一遍。主簿大为光火,怒喝:"萧山会稽又如何?!"

魏骥见对方官职不大官威不小,又误会了自己,赶紧详细说明:"我是萧山辞官养老的魏骥。"

原组织部长的大名、籍贯,如雷贯耳,当官的谁人不知?年轻的主簿顿时惊呆了,差点吓尿了,急忙忙钻出轿子,扑通跪倒,磕头赔礼道歉不止。

魏骥像("翠水丹山事事幽,老来不负作蒐裘。"——〔明〕魏骥《七月十六日过乐丘》)

魏骥急伸双手将其扶起，弯腰掸了掸其官服上的尘土，满怀歉意地说："老夫失避，官人何故如此？"丝毫不以为意，摆摆手，缓缓离去。①

致仕回家后，魏骥很忙。

萧山北面紧邻钱塘江，浦阳江穿境而过，水灾频仍。魏骥时常头戴斗笠、脚穿草鞋，巡行乡里，了解各处水利情况。东小江淤塞不通，徐家闸荒废损坏，魏骥找知县县丞商议，组织人力及时整修。甚至景泰七年（1456）钱塘江潮水倒灌而入东、西小江时，83岁的魏骥仍"躬负畚锸，亲课楗石"，奋战在抗洪抢险第一线。他先后主持、参与了西江塘、北海塘、麻溪坝、毕公堰、螺山闸、石岩闸等多处水利设施的建设。

为了让人们更好地管理萧山水利，魏骥将自己还乡后多年来参与治理水利的经验撰写成《萧山水利事述》，又辑录顾冲、张懋等人的水利文献，合称为《水利切要》，供后人参考。

当然，他最关心的，还是湘湖。

除了修堤浚湖、退田还湖来保护湘湖，魏骥时不时来湘湖游憩，为湘湖歌咏，最终选择在湘湖安息，永远与湘湖为伴。

六

湖上，鸟在飞。湖里，鱼在游。

湖，见过汉唐明清，历经沧海桑田。湖，承载着久远的传说，积淀着岁月的故事。湖，就是醒着的历史，

---

① 〔明〕汤来贺《魏骥避官》（《内省斋文集》卷三十一）。

第六章 陪伴是最长情的告白

跨湖桥遗址博物馆（"两山列翠苍虬舞，一水涵空宝鉴开。"——〔明〕魏骥《过乐丘》）

就是浓缩的光阴。

湖，就是公德与私欲、正义与邪恶的角斗场。湖，就是悲欢离合、爱恨情仇各种人生的大拼盘。湖，就是生旦净末丑你方唱罢我登场的大舞台。

接纳的，是急流。归拢的，是乡愁。描画的，是生机。

聚集的，是能量。散发的，是激情。抚平的，是惆怅。

湖，总是开阔的，总是平静的，总是滋润的。

湖光山色，藏风聚气。选择在湖畔长眠，是许多人的夙愿。

景泰三年（1452），79岁的魏骥将自己的墓地选择在湘湖南岸的齐嘉坞，并称之为"乐丘"。

乐丘三面叠翠，一面朝湖，整个地貌形状像一把太师椅。从自然环境看，这里"青山绕屋水连天，风景依稀似辋川"，景色优美。从交通条件看，此地"日斜樵驰林边担，月出渔归湖上船"，人气较旺。从堪舆理论看，此处"风藏气聚冈峦合，土厚泉深草树滋"，无疑是一块风水宝地。①

亲自对墓地整修之后，魏骥有事没事就到乐丘游沅。从乐丘看湘湖，湘湖之美是这样的：

> 红白荷花锦绣堆，丝丝凉雨拂炎埃。
> 两山列翠苍虬舞，一水涵空宝鉴开。
> 树接浣纱西子石，烟笼屯戍越王台。
> 探奇吊古无穷趣，老我何妨日往回？②

乐丘这地方太让人留恋了，即便天天去也不会厌卷。一段日子没去，魏骥就会非常想念。为排解思念之苦，他曾一口气写下7首《久不过乐丘赋以识吾之恋恋耳》，其中之一：

> 一碧平湖绕，舟如镜里行。
> 荷香随棹溢，山色近人清。
> 渺渺兹辰景，悠悠太古情。
> 往来当蔗境，殊惬我平生。③

久居城中闹市，何如结庐乐丘？乐丘之美激发了魏骥长期定居的想法。成化七年（1471）七月，厌烦"车马往来迎将不辍"的魏骥，欲在乐丘之旁结草庐以居。草庐还未兴建，九月二十日，魏骥无疾而终，享年98岁。

---

① 蔡堂根《魏骥的湘湖情》（《湘湖史话》第五章）。
②〔明〕魏骥《过乐丘》（《魏骥集》第一部分）。
③〔明〕魏骥《久不过乐丘赋以识吾之恋恋耳》(《魏骥集》第一部分）。

为表彰魏骥功德，朝廷赐其谥号"文靖"。

低调的魏骥早就嘱咐家人：丧事从简，不经营坟墓，不收受赙金。朝廷派出特使，要大张旗鼓地为其祭祀安葬。魏骥儿子魏完立即上书请辞。最后，将朝廷赏赐的1700两工价银、3石大米和酒悉数归官散赈，救济刚受海潮之灾的灾民。萧山百姓又一次得到了魏骥的恩惠。

成化九年（1473）二月，萧山群众沈安等1540人联名上书，请求将魏骥列入德惠祠，与杨时并享祭祀。皇帝马上批准了。杨时与魏骥，同谥"文靖"，一个筑湖，一个护湖，相隔300多年，并列德惠祠，共飨春秋之祭。①

至今，石人、石马、石羊等石像生仍十分完好地排列在魏骥墓前。而魏骥墓，乡人眼中的尚书墓，全由泥土堆成，就是再普通不过的一座小小土丘。

① 周易藻《明乡贤魏文靖公骥》（《萧山湘湖志》卷六）。

参考文献

1.〔汉〕司马迁：《史记》，中华书局，1982年。
2.〔汉〕袁康、〔汉〕吴平辑录：《越绝书》，乐祖谋点校，上海古籍出版社，1985年。
3.〔南朝宋〕刘义庆撰，〔南朝梁〕刘孝标注：《世说新语》，王根林校点，上海古籍出版社，2012年。
4.〔北魏〕郦道元：《水经注》，陈桥驿译注，王东补注，中华书局，2009年。
5.〔唐〕李白著，〔清〕王琦注：《李太白全集》，中华书局，1977年。
6.〔唐〕白居易著，谢思炜校注：《白居易诗集校注》，中华书局，2006年。
7.〔唐〕白居易著，谢思炜校注：《白居易文集校注》，中华书局，2011年。
8.〔唐〕元稹：《元稹集》（修订本），冀勤点校，中华书局，2015年。
9.〔唐〕段成式：《酉阳杂俎》，方南生点校，中华书局，1981年。
10.〔唐〕孟棨、〔清〕叶申芗：《本事诗　本事词》，古典文学出版社，1957年。
11.〔宋〕林逋：《林和靖集》，沈幼征校注，浙江古籍出版社，2016年。
12.〔宋〕王辟之、〔宋〕欧阳修：《渑水燕谈录　归田录》，中华书局，1981年。
13.〔宋〕苏轼：《苏轼文集》，孔凡礼点校，中华书局，1986年。
14.〔宋〕苏轼著，〔清〕冯应榴辑注：《苏轼诗集合注》，黄任轲、朱怀春校点，上海古籍出版社，2001年。

15.〔宋〕苏轼著,〔宋〕傅干注,刘尚荣校证:《东坡词傅干注校证》,上海古籍出版社,2016年。

16.〔宋〕杨时:《杨时集》,林海权校理,中华书局,2018年。

17.〔宋〕朱淑真撰,〔宋〕郑元佐注:《朱淑真集注》,冀勤辑注,浙江古籍出版社,1985年。

18.〔宋〕陆游著,马亚中、涂小马校注:《渭南文集校注》,浙江古籍出版社,2015年。

19.〔宋〕杨万里:《杨万里诗文集》,王琦珍整理,江西人民出版社,2006年。

20.〔宋〕张镃:《南湖集》,吴晶、周膺点校,当代中国出版社,2014年。

21.〔宋〕岳珂:《桯史》,中华书局,1981年。

22.〔宋〕罗大经:《鹤林玉露》,中华书局,1983年。

23.〔宋〕周密:《齐东野语》,中华书局,1983年。

24.〔宋〕周密:《癸辛杂识(外八种)》,上海古籍出版社,1991年。

25.〔宋〕孟元老、〔宋〕耐得翁、〔宋〕西湖老人等:《东京梦华录 都城纪胜 西湖老人繁胜录 梦粱录 武林旧事》,中国商业出版社,1982年。

26.〔宋〕魏庆之编:《诗人玉屑》,上海古籍出版社,1978年。

27.〔宋〕蔡正孙:《诗林广记》,中华书局,1982年。

28.〔宋〕阮阅编:《诗话总龟》,周本淳校点,人民文学出版社,1987年。

29.〔元〕邓牧:《洞霄图志》,中国书店,2018年。

30.〔明〕李流芳:《檀园集》,李维琨点校,上海文化出版社,2013年。

31.〔明〕魏骥:《魏骥集》,蔡堂根、舒仕斌点校,浙江人民出版社,2016年。

32.〔明〕田汝成辑撰:《西湖游览志》,上海古籍出版社,1958年。

33.〔明〕田汝成辑撰:《西湖游览志余》,上海古籍出版社,1958年。

34.〔明〕袁宏道著,钱伯城笺校:《袁宏道集笺校》,上海古籍出版社,2008年。

35.〔明〕徐霞客:《徐霞客游记》,褚绍唐、吴应寿整理,上海古籍出版社,1980年。

36.〔明〕张岱:《陶庵梦忆·西湖梦寻》,立人校订,作家出版社,1994年。

37.〔清〕厉鹗著,〔清〕董兆熊注:《樊榭山房集》,陈九思标校,上海古籍出版社,2012年。

38.〔清〕袁枚:《小仓山房诗文集》,周本淳标校,上海古籍出版社,1988年。

39.〔清〕袁枚:《随园诗话》,顾学颉校点,人民文学出版社,1982年。

40.〔清〕徐逢吉等辑撰:《清波小志(外八种)》,上海古籍出版社,1999年。

41.〔清〕姚礼撰辑:《郭西小志》,周膺、吴晶点校,浙江工商大学出版社,2013年。

42.〔清〕王同:《唐栖志》,浙江摄影出版社,2006年。

43.〔清〕何文焕辑:《历代诗话》,中华书局,1981年。

44.丁福保辑:《历代诗话续编》,中华书局,1983年。

45.杭州市园林文物管理局编,施奠东主编:《西湖志》,上海古籍出版社,1995年。

46.陈文锦:《发现西湖——论西湖的世界遗产价值》,浙江古籍出版社,2007年。

47.陈文锦:《西湖一千年——中国传统文化的经典之作》,杭州出版社,2020年。

48.周易藻:《萧山湘湖志》,1927年版影印本。

49.陈志富:《萧山水利史》,方志出版社,2006年。

50.蔡堂根:《湘湖史话》,杭州出版社,2013年。

51.朱金坤总主编,汪宏儿主编:《南湖史话》,西泠印社出版社,2009年。

52. 朱金坤总主编，王少青主编：《暇日寻幽入洞霄》，西泠印社出版社，2010年。

53. 王云五主编，高似孙集：《选诗句图 洞霄诗集》，商务印书馆，1936年。

54. 周峰主编：《南宋京城杭州》（修订版），浙江人民出版社，1997年。

55. 张友仁编著：《惠州西湖志》，麦涛点校，高国抗修订，广东高等教育出版社，1989年。

56. 青山湖志编纂委员会编，蔡涉主编：《青山湖志》，汉语大词典出版社，1998年。

丛书编辑部

艾晓静　包可汗　安蓉泉　李方存　杨　流
杨海燕　肖华燕　吴云倩　何晓原　张美虎
陈　波　陈炯磊　尚佐文　周小忠　胡征宇
姜青青　钱登科　郭泰鸿　陶文杰　潘韶京
（按姓氏笔画排序）

特别鸣谢

陈文锦　王振俊　张　倩（系列专家组）
魏皓奔　赵一新　孙玉卿（综合专家组）
夏　烈　李杭春（文艺评论家审读组）

图片作者

马　威　马子福　马云霖　马汝家　马英明
马树轼　王　勇　王巧红　王春涛　孔童荣
冯益民　朱余庆　安　芳　孙新尖　李丰满
李治钢　杨　凯　吴宗其　沈　虹　张洪平
陈　春　陈红亮　陈岩仙　陈献勇　周朝晖
郑从礼　徐　龙　曹妙良　葛贵芳　蒋华平
（按姓氏笔画排序）